PARLER EN PUBLIC POUR VENDRE UNE IDÉE

Guide d'autoapprentissage

Louise Lachapelle

Parler en public pour vendre une idée
Louise Lachapelle

© 2012 Les Éditions JFD inc.

Catalogage avant publication de Bibliothèque et Archives nationales du Québec et Bibliothèque et Archives Canada

Lachapelle, Louise

   Parler en public pour vendre une idée

   Comprend des réf. bibliogr.

   ISBN 978-2-923710-29-7

1. Art de parler en public. 2. Communication orale. 3. Art oratoire. 4. Persuasion (Rhétorique). 5. Art de parler en public – Problèmes et exercices. I. Titre.

PN4123.L32 2012   808.5'1   C2012-941715-7

Éditions JFD inc.
CP 15 Succ. Rosemont
Montréal, (Québec) H1X 3B6
Téléphone : 514-999-4483
Courriel : info@editionsjfd.com
www.editionsjfd.com

Tous droits réservés.
Toute reproduction, en tout ou en partie, sous quelque forme et par quelque procédé que ce soit, est interdite sans l'autorisation écrite préalable de l'éditeur.

ISBN : 978-2-923710-29-7
Dépôt légal : 3ᵉ trimestre 2012
Bibliothèque et Archives nationales du Québec
Bibliothèque et Archives Canada

Infographie et graphisme : Adrien Rowen
Révision de texte : Suzanne Laberge
Correction : Marie-Claire Gravel et Marie Vézina

Imprimé au Québec

LOUISE LACHAPELLE

M. ès Sc. Communication, Université de Montréal
Baccalauréat spécialisé en Études littéraires, UQAM
Baccalauréat en Arts visuels, UQAM

Diplômée en communications de l'Université de Montréal, Louise Lachapelle s'est adressée, en 25 ans de carrière, à de très nombreux auditoires au Québec et en France.

Elle fonde son entreprise de services-conseils en communication en 1980 et jumelle ses activités de formation avec 25 ans d'enseignement à HEC Montréal. Madame Lachapelle enseigne aussi aux ingénieurs qui poursuivent leurs études à l'Université de Sherbrooke en vue d'obtenir une maîtrise en Gestion de l'ingénierie.

Ses recherches vont dans le sens de l'amélioration des communications interpersonnelles, orales et écrites; dans le contexte actuel d'une surabondance d'information en milieu de travail, elle aide les gestionnaires à mieux communiquer et à relever le défi de l'efficacité. Ses activités de formation ont trait principalement à l'art de parler en public, à la communication interpersonnelle, à la conduite de réunions et l'art d'argumenter et d'improviser en situation de gestion. Mme Lachapelle a accompagné plus de 5 000 étudiants et participants à améliorer leurs présentations devant un auditoire.

En France, Mme Lachapelle s'est fait connaître principalement dans le secteur des transports publics où elle a conçu et animé des stages de formation de formateurs, de leadership, de gestion du stress et de qualité du service à la clientèle.

Elle continue sa carrière de consultante et d'enseignante en faisant bénéficier ses étudiants et ses participants de sa maîtrise de la pédagogie auprès des adultes.

Madame Lachapelle anime régulièrement à HEC Montréal les séminaires publics suivants :
« Parler en public pour vendre une idée »
« Savoir argumenter et improviser en situation de gestion »
« L'art de communiquer en situation délicate de gestion : stratégies et outils »

Remerciements

Je tiens à remercier ma collègue formatrice Suzanne Laberge pour son expertise rédactionnelle et ses conseils avisés tout au long de la réalisation de cet ouvrage. Je remercie également le bureau de la direction de l'École des dirigeants de HEC Montréal, pour m'avoir encouragée à concrétiser ce projet. Enfin, je remercie mon éditeur pour sa détermination à produire des guides pédagogiques de type novateur, modernes, capables d'accompagner l'apprenant tout au long de son apprentissage.

Je remercie tout particulièrement mes étudiants et les participants à mes séminaires des dix dernières années qui ont accepté de se soumettre à différents types d'exercices, dans le but de tester mon canevas pour vendre une idée. Je les remercie de leurs critiques constructives, de leurs encouragements, et surtout de leur rétroaction après les formations pour me dire que la méthode fonctionne.

Louise Lachapelle

Mot de l'auteur

Vous avez sans doute fait l'acquisition de ce guide d'autoapprentissage dans l'espoir de parfaire vos talents d'orateur et augmenter votre pouvoir de persuasion lors de vos prises de parole en public. Que vous ayez à informer, vendre une idée ou divertir, ce guide peut vous aider.

Ce guide est divisé en 5 chapitres et son contenu vous accompagnera tout au long de votre apprentissage. Vous pourrez à loisir vous promener d'une section à une autre, lire les fiches qui vous plaisent et compléter les exercices au moment qui vous conviendra le mieux.

Vous avez choisi d'entrer dans le merveilleux monde de la parole en public; que vous ayez à vous adresser à une ou mille personnes, dorénavant, il s'agira d'un plaisir sans cesse renouvelé.

Bon apprentissage.

TABLE DES MATIÈRES

AVANT DE DÉBUTER

L'autodiagnostic 2
Qu'en pensez-vous ? 3

CHAPITRE 1
PARLER EN PUBLIC

MODULE 1.1
LIVRER UN MESSAGE CLAIR

1.1.1 Analyser l'auditoire 8
1.1.2 Organiser sa pensée et préciser le sujet 11
1.1.3 Fixer le but à atteindre 13
1.1.4 Préciser le cœur du sujet 14
1.1.5 Établir un plan qui a du rythme 15

MODULE 1.2
CONSTRUIRE LA PRÉSENTATION

1.2.1 Choisir un titre évocateur 18
1.2.2 Soigner l'introduction 19
1.2.3 Structurer le développement 23
1.2.4 Conclure 24

MODULE 1.3
RÉPONDRE AUX QUESTIONS

1.3.1 Avant de répondre 28
1.3.2 Au moment de répondre 28
1.3.3 Les règles d'or de la période de questions 30

MODULE 1.4
MANIER LA RHÉTORIQUE POUR PERSUADER

1.4.1 Se servir des trois moyens dont dispose l'orateur 32
1.4.2 Utiliser les figures de style 33
1.4.3 Naviguer d'une idée à l'autre 36

CHAPITRE 2
VENDRE UNE IDÉE

MODULE 2.1
SE PRÉPARER À VENDRE UNE IDÉE

2.1.1 De la conviction à l'action 42
2.1.2 Entre le début et la fin 44
2.1.3 Les étapes de préparation 45

MODULE 2.2
ORGANISER LE MESSAGE
   2.2.1   Explication du canevas minute 48
   2.2.2   Exemple de canevas complété 50
   2.2.3   Canevas d'exercice 51

MODULE 2.3
LIVRER LE MESSAGE
   2.3.1   Lecture du canevas minute 54
   2.3.2   Les trois arguments clés 55

CHAPITRE 3
S'AFFIRMER AVEC LE CORPS ET LA VOIX

MODULE 3.1
SE SERVIR DE LA VOIX COMME OUTIL DE PERSUASION
   3.1.1   L'appareil vocal 60
   3.1.2   L'élocution, le volume et le diapason 61
   3.1.3   La diction 63
   3.1.4   La respiration 64
   3.1.5   Les silences stratégiques 65
   3.1.6   Le point final 66
   3.1.7   La ponctuation de la voix 67

MODULE 3.2
SE SERVIR DU CORPS POUR APPUYER LE MESSAGE
   3.2.1   Le message du corps 70
   3.2.2   L'entrée en scène 71
   3.2.3   La posture 72
   3.2.4   Les gestes 73
   3.2.5   Les déplacements 74
   3.2.6   La tenue vestimentaire 75
   3.2.7   Les mimiques 77
   3.2.8   Le regard 78

CHAPITRE 4
GÉRER SON TRAC

MODULE 4.1
DÉFINIR LE TRAC
   4.1.1   Parler en public, un facteur de stress 84
   4.1.2   Trac et phobie 86
   4.1.3   Les manifestations du trac 87

MODULE 4.2
MAÎTRISER LE TRAC
   4.2.1   La préparation 90
   4.2.2   La répétition 93
   4.2.3   La visualisation positive 94

MODULE 4.3
ATTÉNUER LE TRAC
   4.3.1   Avant d'entrer en scène 96
   4.3.2   En coulisse 97
   4.3.3   L'imprévu 98

MODULE 4.4
DISSIMULER LE TRAC
   4.4.1   Pendant la présentation 100
   4.4.2   Ne pas se laisser distraire 101
   4.4.3   Le trou de mémoire 102

CHAPITRE 5
CRÉER LES SUPPORTS VISUELS

MODULE 5.1
LES SUPPORTS TRADITIONNELS
   5.1.1   Le tableau blanc, noir ou vert 108
   5.1.2   Le tableau multifeuilles 109

MODULE 5.2
LE DIAPORAMA ÉLECTRONIQUE
   5.2.1   Un outil attrayant et efficace 112
   5.2.2   Le contenu 113
   5.2.3   Le contenant 114
   5.2.4   Les petits secrets qui font la différence 121

MODULE 5.3
CE QUI EST TENDANCE
   5.3.1   Le Pecha Kucha 126
   5.3.2   Le Prezi 128
   5.3.3   La présentation scientifique sur affiche 129

Bibliographie 133

Annexe I : Corrigé de l'exercice : qu'en pensez-vous ? 134

Annexe II : Les marqueurs de relation 135

Annexe III : Les marqueurs les plus fréquemment utilisés 136

AVANT DE DÉBUTER

- L'autodiagnostic
- Qu'en pensez-vous

EXERCICE : L'AUTODIAGNOSTIC

1. Qu'est-ce que vous aimeriez apprendre ou développer au cours de cet apprentissage?

   _____

   _____

   _____

2. Lorsque vous vous adressez à un groupe ou que vous parlez en public :

   a) quelles sont **vos forces**? (Ex. : organisation des idées, gestion du temps de parole, efficacité du support visuel, etc.)

   _____

   _____

   _____

   b) quelles **difficultés** rencontrez-vous le plus souvent? (Ex. : trous de mémoire, voix monotone, décousu des informations, trac, etc.)

   _____

   _____

   _____

3. Situez, sur l'échelle ci-dessous, votre habileté actuelle à parler en public ou à vendre une idée.

nulle		faible			acceptable			enviable	
1	2	3	4	5	6	7	8	9	10

4. De manière réaliste, où aimeriez-vous vous situer sur cette échelle après la lecture de ce guide et quelques mises en pratique?

nulle		faible			acceptable			enviable	
1	2	3	4	5	6	7	8	9	10

EXERCICE : QU'EN PENSEZ-VOUS ?

	VOTRE OPINION	**OPINION DE L'AUTEUR**
1. Plus on connaît son sujet, moins on a besoin de préparation.		
2. Les gens portent beaucoup plus d'attention à ce que vous dites qu'à la manière dont vous le dites.		
3. Les supports visuels sont aujourd'hui indispensables à toute présentation devant un groupe.		
4. Le trac, ça ne se contrôle pas.		

Votre choix de réponse est « Vrai », « Vrai + » (vous croyez fermement à l'énoncé), « Faux », « Faux + » (vous êtes totalement en désaccord avec l'énoncé).

Le corrigé est à la page 134.

CHAPITRE 1
PARLER EN PUBLIC

    1.1   Livrer un message clair
    1.2   Construire la présentation
    1.3   Répondre aux questions
    1.4   Manier la rhétorique pour persuader

MODULE 1.1

LIVRER UN MESSAGE CLAIR

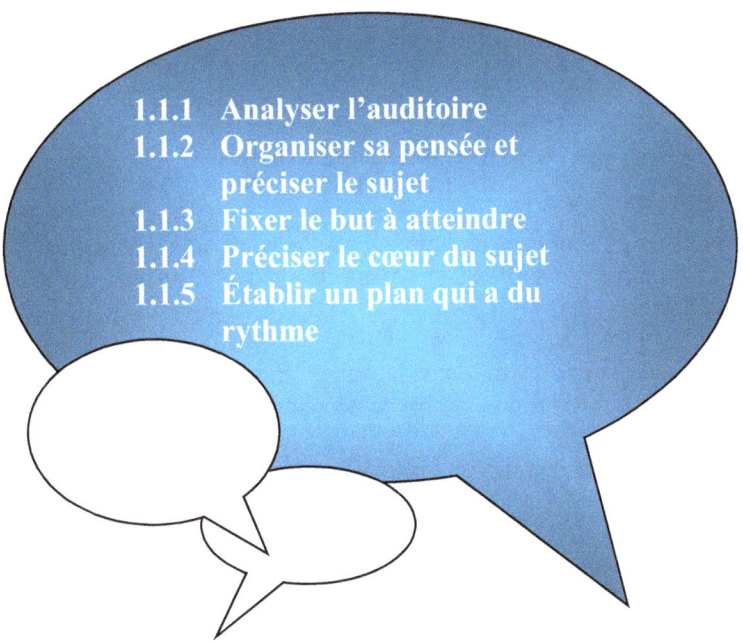

1.1.1 Analyser l'auditoire
1.1.2 Organiser sa pensée et préciser le sujet
1.1.3 Fixer le but à atteindre
1.1.4 Préciser le cœur du sujet
1.1.5 Établir un plan qui a du rythme

SECTION 1.1.1
ANALYSER L'AUDITOIRE

Avant même de commencer à préparer un exposé ou un discours, il est impératif de connaître le profil des gens qui viendront vous entendre.

- Qui sont-ils?
- Que savent-ils de votre sujet?
- Quel accueil, croyez-vous, vont-ils réserver à votre point de vue?

Une méconnaissance de l'auditoire peut vous faire perdre un temps précieux lors de votre préparation alors qu'à l'inverse, être bien informé sur ceux qui vous écoutent et bien les connaître vous permettra de mieux les convaincre.

Dans la parole en public, tout est affaire d'ETHOS, de LOGOS et de PATHOS!

Nous en reparlerons à la page 32

S'ADAPTER À L'AUDITOIRE

Êtes-vous un présentateur féminin qui ne s'adresse qu'à des femmes? Êtes-vous un homme qui parlez à un auditoire mixte? Quel âge ont ceux qui vous écoutent?

Votre grand patron est-il dans la salle? Êtes-vous certain de pouvoir répondre aux questions que se pose le décideur assis au premier rang?

Votre auditoire est-il composé exclusivement de Québécois pur laine ou de Français pur sucre?

Le trait d'humour qui peut faire sourire une personne peut en choquer une autre ou la laisser totalement indifférente.

Aurez-vous besoin d'un micro ou d'une tribune, parlez-vous à 5 ou 200 personnes? Voulez-vous informer, vendre une idée ou divertir?

La connaissance de son auditoire est le point de départ d'une présentation réussie. Servez-vous de la page suivante pour évaluer votre auditoire avant de commencer votre préparation.

Parler en public

ÉVALUER L'AUDITOIRE

1. **Qui** sera là ? Et combien seront-ils ? _____
   ○ collègues   ○ supérieurs   ○ décideurs   ○ subordonnés   ○ autre : __
2. Quelle est ou quelles sont les personnes dont je veux le plus retenir l'attention ? _____
3. Combien y aura-t-il d'hommes présents ? _____ De femmes ? _____
4. **L'âge moyen** du groupe est d'environ _____ ans.
5. **Niveau académique** des personnes composant l'auditoire :
   ○ homogène   ○ varié   ○ je ne sais pas
6. **Le lieu** où se déroulera la présentation est-il :
   ○ formel (ex. : salle du CA ou salle de congrès)
   ○ moyennement formel (ex. : bureau du directeur, salle de réunion)
   ○ informel (ex. : repas d'affaires, 5 à 7, tournoi de golf)
7. **L'auditoire connaît-il mon sujet ?** Évaluez cette connaissance sur une échelle de 1 à 10 :

CONNAÎT PEU					CONNAÎT BEAUCOUP				
1	2	3	4	5	6	7	8	9	10

8. Les personnes de l'auditoire me connaissent-elles ? Sinon, je devrai prévoir une manière de me présenter brièvement.
   ○ elles me connaissent bien
   ○ elles me connaissent peu
   ○ elles ne me connaissent pas
9. **Mon auditoire a-t-il une opinion** favorable, neutre ou hostile à l'égard de mon sujet ou de mon projet ?
   ○ favorable
   ○ neutre
   ○ hostile
10. **Comment j'aimerais que mon auditoire réagisse** à la fin de ma présentation ?
    ○ qu'il connaisse mieux mon sujet ? (*vous devez informer*)
    ○ qu'il appuie mon projet ? (*vous devez convaincre*)
    ○ qu'il m'accorde les sous nécessaires ? (*vous devez vendre une idée*)
    ○ qu'il développe de l'enthousiasme ? (*vous devez inspirer*)
    ○ qu'il ait passé un bon moment ? (*vous devez divertir*)
    ○ autre : _____

LA VARIÉTÉ DES AUDITOIRES

L'APPROCHE FRANÇAISE EST AXÉE SUR LE CONTENU

Les Français :

- Se préoccupent des idées et de la manière dont on les organise
- Veulent convaincre et persuader avec les mots
- Sont de redoutables argumentateurs
- Manient la rhétorique avec brio

L'APPROCHE AMÉRICAINE EST AXÉE SUR LA DIFFUSION

Les Américains :

- Ont le souci de l'efficacité et le sens du drame
- Veulent être spontanés et authentiques
- Veulent vous faire vivre une expérience
- Adorent raconter des histoires

L'APPROCHE QUÉBÉCOISE EST HYBRIDE :

Spontanéité et authenticité

+

Une argumentation solide

- Livrer un message clair

SECTION 1.1.2
ORGANISER SA PENSÉE ET PRÉCISER LE SUJET

Au moment de planifier l'organisation des informations et de structurer le contenu de votre exposé, vous devez avoir évalué :

- Ce que l'auditoire sait déjà
- Ce qu'il est important qu'il apprenne
- Ce qu'il est important qu'il retienne
- En ayant en main ces réponses avant de commencer votre préparation, vous sauverez du temps et vous serez certain de ne jamais perdre l'essentiel de vue

EXERCICE : ORGANISER SA PENSÉE ET PRÉCISER LE SUJET

Mon sujet :

Ce que l'auditoire sait déjà :
- _____
- _____

Ce qu'il est important qu'il apprenne :
- _____
- _____
- _____

Ce qu'il est important qu'il retienne :
- _____
- _____

UN EXEMPLE

Mon sujet :   *Parler en public pour vendre une idée*

Ce que l'auditoire sait déjà :

- *Les bases de l'organisation de la pensée : introduction, développement et conclusion*

- *Que le langage non verbal de l'orateur joue un rôle important dans la capacité de convaincre sans pour autant savoir comment augmenter personnellement sa maîtrise du langage corporel*

- *Comment structurer un document PowerPoint*

Ce qu'il est important qu'il apprenne :

- *Comment organiser sa pensée pour vendre une idée*

- *Comment se servir du corps et de la voix pour convaincre*

- *Les secrets d'un visuel percutant*

Ce qu'il est important qu'il retienne :

- *Il faut toujours réussir son introduction*

- *Pour vendre une idée, ça prend une pensée organisée*

- *Le visuel ne doit jamais remplacer le présentateur*

SECTION 1.1.3
FIXER LE BUT À ATTEINDRE

De manière à pouvoir choisir les bons mots, les bons exemples et la meilleure organisation des idées pour illustrer votre propos, il est important de préciser rapidement le but de votre exposé : voulez-vous informer, vendre une idée ou divertir?

Après avoir déterminé votre sujet et le but de la présentation, il faudra trouver l'idée directrice autour de laquelle vous pourrez élaborer le plan de la présentation.

SECTION 1.1.4
PRÉCISER LE CŒUR DU SUJET

Il est important dès le départ
de spécifier quelle sera votre idée maîtresse :

DE QUOI ALLEZ-VOUS PARLER ?

Il vaut mieux choisir un angle restreint
plutôt qu'un sujet trop vaste que vous ne ferez qu'effleurer.

Après avoir précisé votre idée directrice, celle-ci devient le centre à partir duquel s'organiseront toutes les informations. Une façon simple de faire le tour d'un sujet est de répondre aux 5 questions qu'un journaliste doit normalement poser à propos d'un événement. Cette coutume consiste à répondre le plus clairement possible aux cinq questions de base de la communication qui, en anglais, commencent par la lettre W. La plupart du temps, ce sont les questions que se pose l'auditoire en vous écoutant. À ces 5 questions on peut ajouter le How, c'est-à-dire comment l'événement s'est produit.

LES 5 W DE LA COMMUNICATION

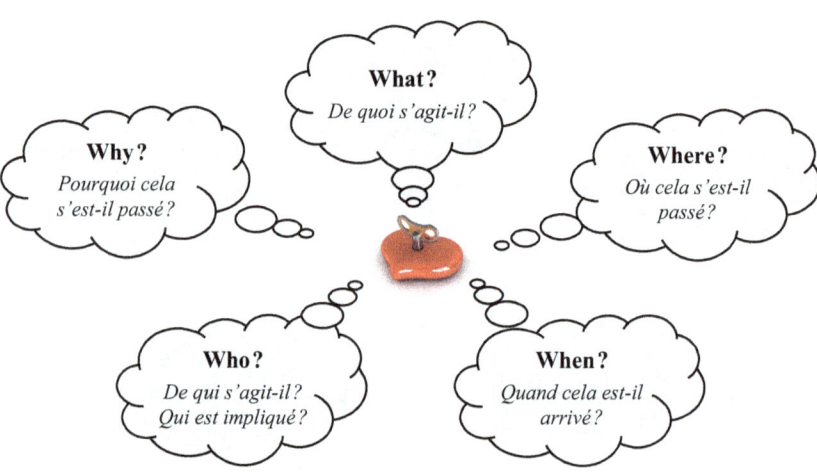

SECTION 1.1.5
ÉTABLIR UN PLAN QUI A DU RYTHME

POUR POSSÉDER UN PLAN QUI A DU RYTHME, IL Y A QUELQUES ÉCUEILS À ÉVITER
◘ Oublier d'introduire le sujet
◘ Omettre de présenter le plan de l'exposé en début de présentation
◘ Ne pas définir l'objectif de l'exposé
◘ Étirer inutilement l'introduction laissant peu de temps pour traiter le cœur du propos
◘ Terminer abruptement sans résumer l'essentiel au moment de la conclusion

GARDEZ EN TÊTE LA RÉPARTITION DU TEMPS SUGGÉRÉE ICI	
◘ Introduction	**15 %**
◘ Développement	**75 %**
◘ Conclusion	**10 %**

Avant de vous lancer dans l'aventure, un dernier conseil : n'oubliez pas que le cerveau traite 1 000 mots/min en moyenne alors que la bouche prononce environ 130 mots/min. Étant donné que notre débit de paroles peut difficilement dépasser 130 mots à la minute alors que notre cerveau peut en traiter 1 000 dans le même laps de temps, avouons que l'orateur devra redoubler d'ingéniosité pour maintenir l'attention de son auditoire. Comme présentateur, vous avez la responsabilité de maintenir l'attention du public avec des mots accrocheurs, des figures de style, ou tout autre effet de surprise.

MODULE 1.2
CONSTRUIRE LA PRÉSENTATION

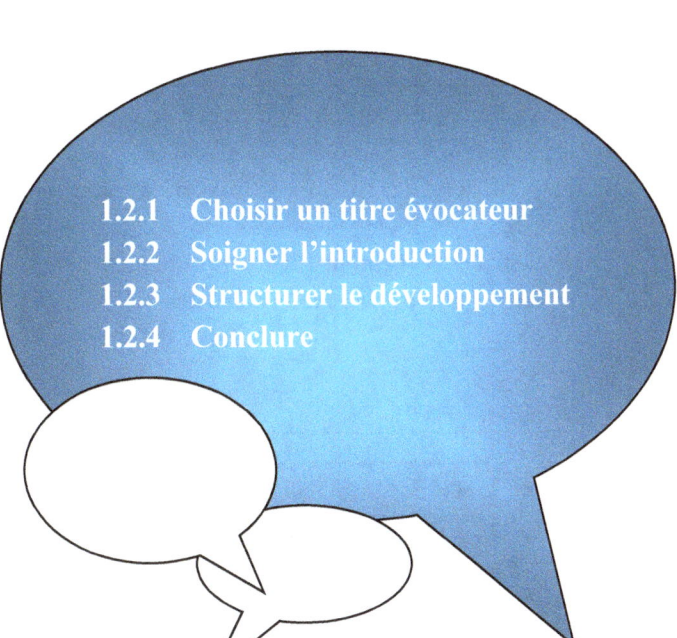

1.2.1   Choisir un titre évocateur
1.2.2   Soigner l'introduction
1.2.3   Structurer le développement
1.2.4   Conclure

Section 1.2.1
Choisir un titre évocateur

Le choix du titre est crucial

- **Banal**, il teinte à priori l'opinion de ceux qui viennent vous entendre
- Trop **accrocheur**, on pourrait vous taxer de manquer de sérieux
- Le titre idéal est **évocateur** : il aiguise l'intérêt et donne envie à l'auditoire de vous écouter

Exercice : Choisir un titre

TITRES POSSIBLES	Banal	Accrocheur	Évocateur
1)	☐	☐	☐
2)	☐	☐	☐
3)	☐	☐	☐

Section 1.2.2
Soigner l'introduction

1. Commencer avec un élément déclencheur
2. Se présenter
3. Annoncer le sujet et l'objectif
4. Dire à l'auditoire l'avantage qu'il aura à vous écouter
5. Présenter le plan
6. Établir les règles du jeu (si nécessaire)

Voir exemple d'introduction à la page 22

Élément déclencheur

Pour se démarquer comme présentateur, il faut d'entrée de jeu surprendre et séduire son auditoire. Posez-lui une question, citez un expert, montrez une image qui va étonner, déranger ou faire rire, racontez une histoire, un fait que vous avez vécu ou dont vous avez été témoin. Le but du déclencheur est de faire en sorte que chaque personne qui vous écoute se sente concernée par votre sujet et le message que vous désirez communiquer.

- Une question à l'auditoire
- Un témoignage
- Une image surprise
- Une statistique surprenante
- Une note d'humour
- Un objet qui étonne ou intrigue
- Une citation

Se présenter brièvement en 1 ou 2 phrases

Expliquer comment vous êtes qualifié pour présenter le sujet.
Projeter l'image de cette qualification :

- Tenue vestimentaire appropriée
- Regard vers l'auditoire et non vers son texte
- Sourire et expressions faciales cordiales
- Débit de voix assertif

Un exemple

Je suis Jean Dupont, chef du service de l'ingénierie. Mon équipe et moi avons travaillé 18 mois à l'étude de faisabilité du projet qui vous est présenté aujourd'hui. En effet, 4 ingénieurs, 3 techniciens et 2 représentants du gouvernement se sont réunis régulièrement autour d'une même table de concertation pour travailler à ce projet. Il me fait donc plaisir de vous entretenir pendant les 30 prochaines minutes du renouvellement des compteurs d'électricité destinés à chaque habitation de notre municipalité (sujet). Je veux vous convaincre de l'importance d'aller de l'avant avec une telle initiative (objectif).

L'AVANTAGE QU'A L'AUDITOIRE À VOUS ÉCOUTER

À la fin de cet exposé, vous serez à même de décider s'il faut aller de l'avant avec ce projet, et s'il est opportun de le soumettre à nos élus.

LE PLAN

Le plan de votre exposé est une carte routière pour ceux qui vous écoutent, il permet de savoir d'où l'on part et où on va.

- Introduction
- Développement
    - Idée principale 1
    - Idée principale 2
    - Idée principale 3
- Conclusion
- Période de questions (s'il y a lieu)

LES RÈGLES DU JEU

Les règles du jeu sont présentées à la fin de l'introduction. Tout en établissant une procédure entre l'orateur et son auditoire pour la durée de l'exposé, elles peuvent aussi rassurer l'orateur qui craint d'être interrompu. En demandant à votre auditoire de garder ses questions pour la fin, vous vous sentirez plus en contrôle ce qui vous aidera à faire échec au trac.

Vous pourriez choisir, au contraire, d'encourager un dialogue constant; tout dépendra de votre aisance, du nombre de personnes qui vous écoutent, du contexte dans lequel s'insère votre exposé et du but recherché. C'est au présentateur de mettre la table pour le déroulement qui lui conviendra.

- Peut-on vous interrompre à tout moment?
- L'auditoire doit-il attendre la période de questions pour vous interroger?
- Toute autre règle du jeu pertinente.

EXERCICE : RÉDIGER L'INTRODUCTION

Titre accrocheur : le titre peut être rédigé au début ou à la fin de la préparation

_____
_____
_____

Mon élément déclencheur sera : une question à l'auditoire, un témoignage, une image surprise, une statistique, une citation, un objet montré à l'auditoire ou une note d'humour pour ceux qui sont à l'aise avec ce moyen d'expression

_____
_____
_____

De **quoi** vais-je parler? Pendant **combien de temps**? Quel est mon objectif? Quel(s) **avantage(s)** l'auditoire aura-t-il à m'écouter?

_____
_____
_____
_____
_____

Vous **présentez votre plan** brièvement et vous énumérez vos règles de fonctionnement s'il y a lieu (ex. : « *Je vous demanderais de bien vouloir attendre la fin de ma présentation avant de poser vos questions* »).

UN EXEMPLE : L'INTRODUCTION

Titre accrocheur :

Le cerisier ornemental, l'arbre qui fait rêver !

Mon élément déclencheur sera :

Image d'un jardin célèbre illustrant des cerisiers à fleurs japonais.

De **quoi** vais-je parler? Pendant **combien de temps**? Quel est mon objectif? Quel(s) **avantage(s)** l'auditoire aura-t-il à m'écouter?

Je vais vous entretenir pendant 20 minutes des cerisiers ornementaux japonais (Sujet). *Mon but est de vous montrer comment cet arbre à fleurs peut incarner la fierté de votre jardin* (Objectif). *À la fin de cet exposé, vous serez mieux informés sur le cerisier japonais comme point d'attraction, et vous pourrez choisir en toute connaissance de cause celui qui convient le mieux à votre propriété* (Avantage).

Vous **présentez votre plan** brièvement et vous énumérez vos règles de fonctionnement s'il y a lieu :

Voici mon plan en 3 points : après cette introduction je vous exposerai premièrement les différentes variétés de cerisiers japonais, ensuite nous évaluerons leur possibilité de croissance selon le climat et le lieu où vous résidez et, enfin, je dresserai un tableau des propriétés de chaque espèce en mentionnant leur port, leur robustesse, leur taille, la couleur des fleurs et la qualité des fruits. Je conclurai cette présentation en montrant des photos qui sauront, j'en suis sûr, vous séduire (Plan).

Je vous demanderais de bien vouloir garder vos questions pour la fin, j'ai prévu 15 minutes d'échanges sur le sujet. Vous avez devant vous la copie papier de ma présentation électronique, sur laquelle apparaissent les éléments de base de mon exposé; vous pourrez à loisir vous en servir pour ajouter des commentaires ou noter vos questions. Pour ceux qui aimeraient en obtenir une copie électronique, vous pouvez vous la procurer sur mon site Web au www.cerisiers japonais.com (Règles du jeu).

Section 1.2.3
Structurer le développement

Des idées et une logique

- Organiser vos idées autour de 2 ou 3 idées principales
- Greffer à chaque idée principale quelques idées secondaires
- Assurer la logique de présentation entre les éléments

Insérer des moments forts

 *Prévoir les moments forts de son exposé, c'est ajouter une olive à son martini !*

Ajouter des exemples

Les exemples permettent à l'orateur de connecter avec son auditoire et de susciter l'intérêt. Si l'analyse de l'auditoire a été bien menée au départ, les exemples seront finement choisis en fonction de cet auditoire. Pour que l'exemple fasse son effet, il faut que chaque auditeur puisse se reconnaître ou s'imaginer dans une situation similaire.

Le développement	Contenu
Les idées principales	1. 2. 3.
Les idées secondaires	1. 2. 3.
Les moments forts	1. 2. 3.
Les exemples	1. 2. 3.

Section 1.2.4
Conclure

La conclusion

Trop de gens négligent d'annoncer leur conclusion; il est important de dire : *En résumé*, *Pour conclure* ou *En conclusion* avant d'amorcer le dernier droit de votre exposé. À la conclusion, il est impératif de se rappeler de ce que vous vouliez que les gens apprennent et surtout ce qu'il était important qu'ils retiennent !

- Annoncer votre conclusion
- Résumer les points clés
- Inventer un message final intéressant
- Remercier les participants

Exercice : Rédiger la conclusion

Résumé ou retour sur les points importants de ma présentation.

_____

_____

_____

Message final percutant : (vous devez terminer votre exposé sur une note positive).

_____

_____

_____

Remercier les organisateurs pour leur soutien et les participants d'avoir écouté attentivement, d'avoir posé des questions qui ont enrichi l'entretien, de leur intérêt pour le sujet ou pour tout autre motif pertinent.

_____

_____

_____

TERMINER SA PRÉSENTATION EN PRÉVOYANT LA MISE EN SCÈNE

- Une convocation ou un carton d'invitation
- Des tables placées de manière précise
- Des tableaux multifeuilles et des marqueurs
- Le matériel audiovisuel en bon état de marche
- Du café
- Un lutrin si nécessaire

QUELQUES CONSEILS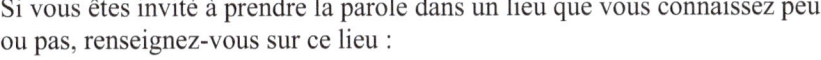

Si vous êtes invité à prendre la parole dans un lieu que vous connaissez peu ou pas, renseignez-vous sur ce lieu :

- Quels sont les éclairages ?
- Quelle est la qualité du projecteur ?
- Quel type de micro ?
- Y a-t-il un lutrin ?
- Y a-t-il une télécommande de projection ?
- A-t-on prévu un verre d'eau ?

> En soignant les petits détails, vous assurez votre confort et le professionnalisme de votre prise de parole en public.

PRÉVOIR UN PLAN B EN CAS DE BRIS TECHNIQUE

De nos jours, il est essentiel d'avoir des copies de sa présentation visuelle sous diverses formes : clé USB, DVD, ordinateur portable, téléphone intelligent, sans oublier une version papier dont les pages sont numérotées.

Quant au matériel de projection, deux ordinateurs valent mieux qu'un et votre projecteur doit être absolument en bon état de marche. Dans les hôtels, il est prudent de vérifier que le projecteur soit à une distance suffisamment éloignée de l'écran pour permettre la projection sur un mur d'assez grande dimension. Les salles multimédias munies de plusieurs écrans permettent de voir où que nous soyons assis, c'est leur principal atout.

EXERCICE : PRÉVOIR LA MISE EN SCÈNE ET LE MATÉRIEL REQUIS

Avis de convocation

☐ Oui ☐ Non

Location d'équipement (audiovisuel ou autre)

☐ Oui ☐ Non

Organisation de la salle

☐ Emplacement des tables et chaises
☐ Les tableaux et multifeuilles
☐ Les marqueurs (au besoin)
☐ Les cartons d'identification des participants si utile
☐ Le matériel audiovisuel
   ☐ Écran de projection
   ☐ Ordinateur
   ☐ Projecteur
   ☐ Amplification sonore
   ☐ Captation/projection vidéo
☐ Le café ou rafraîchissement
☐ Lutrin, verre d'eau
☐ Autre(s)

Plan B en cas de bris technique :

_____

_____

_____

_____

MODULE 1.3

RÉPONDRE AUX QUESTIONS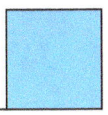

1.3.1 Avant de répondre
1.3.2 Au moment de répondre
1.3.3 Les règles d'or de la période de questions

SECTION 1.3.1
AVANT DE RÉPONDRE

SE PRÉPARER À RÉPONDRE

- Avoir trois fois plus d'explications que nécessaire
- Imaginer les 6 questions que vous voudriez éviter
- Imaginer comment vous y répondriez

SECTION 1.3.2
AU MOMENT DE RÉPONDRE

QUELQUES CONSEILS

- Reformuler la question
    - Pour vous donner le temps de réfléchir à la réponse
    - Pour préciser le sens de la question posée « Si je comprends bien, vous me demandez... »

- S'en tenir au message clé, faire des phrases courtes

- S'exprimer avec le ton approprié au sujet

- Maîtriser son langage corporel : éviter les expressions du visage qui trahissent la surprise, le désaccord, l'ennui ou l'impatience

Et si...

Les questions	Les réponses
Si la question est inappropriée	◘ Dire à la personne gentiment que la question n'a pas un rapport direct avec la présentation et que vous vous ferez un plaisir de discuter avec elle après l'exposé
Si la question est provocatrice	◘ Respirer et faire une pause ◘ Répéter la question lentement « *Vous m'avez bien demandé...* » ◘ Répondre brièvement ◘ Ne pas laisser trop longtemps le projecteur sur l'opposant, donner la parole au suivant
Si on ignore la réponse	◘ Demander au groupe ◘ Dire que vous ne savez pas

Il est toujours avantageux de...

- ◘ Donner des réponses concises et pertinentes
- ◘ Ne pas tout dire
- ◘ Garder des munitions de réserve

Il est fréquent que 2 ou 3 personnes vous posent sensiblement la même question. Préoccupée par la formulation de sa question, la deuxième ou troisième personne n'a pas entendu ni écouté votre réponse à la question précédente. Pour cette raison, gardez des informations de réserve pour satisfaire ces personnes et ne pas ennuyer l'ensemble de votre auditoire par trop de redondance.

Section 1.3.3
Les règles d'or de la période de questions

Maire O'reilly dans son livre *Communiquer avec son auditoire* publié aux éditions d'Organisation suggérait de se donner quelques secondes pour réfléchir en reformulant la question qui vient d'être posée. En plus de vous donner un répit, cela permet de clarifier le sens de la question pour l'ensemble de ceux qui vont entendre votre réponse.

1.	Reformuler la question
2.	Admettre ce qui est vrai
3.	Donner des réponses brèves
4.	Ne pas s'engager dans une discussion avec un seul individu ou un sous-groupe
5.	S'en tenir au message clé
6.	Éviter les commentaires inutiles qui peuvent se retourner contre vous
7.	Montrer du respect envers votre public
8.	Remercier les personnes qui vous interrogent même si elles ne partagent pas votre avis

QUELQUES CONSEILS DE PLUS...

Attention aux réponses trop longues : elles risquent de provoquer plus de confusion qu'autre chose. Je suggère toujours à ceux qui viennent suivre mes séminaires d'accorder, pourvu que ce soit possible, un temps de réponse égal pour chaque question. Pourquoi? Pour éviter que la personne à qui vous avez répondu en 10 secondes se sente moins importante que celle à qui vous avez accordé une réponse de 3 minutes ou plus. En outre, si vous étirez inutilement vos réponses, vous diluez l'impact du message et suscitez la confusion dans l'auditoire.

MODULE 1.4

MANIER LA RHÉTORIQUE POUR PERSUADER

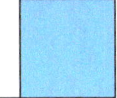

1.4.1 Se servir des trois moyens dont dispose l'orateur
1.4.2 Utiliser les figures de style
1.4.3 Naviguer d'une idée à l'autre

SECTION 1.4.1
SE SERVIR DES TROIS MOYENS DONT DISPOSE L'ORATEUR

La rhétorique est l'art de bien formuler le message. On la définit souvent comme l'ensemble des règles de l'éloquence. L'éloquence est l'art de transmettre son émotion, de persuader au moyen de la parole. Pour le philosophe grec Aristote, la rhétorique est avant tout un art utile, un moyen pour argumenter et faire admettre ses idées à un auditoire.

Aristote

LES MOYENS	CARACTÉRISTIQUES
ETHOS *Le prestige personnel*	C'est-à-dire sa réputation, le charme qui se dégage de sa personne : visage, regards, gestes et voix; et la chaleur de conviction qu'il puise dans la justice ou le bien-fondé de son sujet, de la cause qu'il défend.
LOGOS *Les preuves*	Il ne lui suffit pas d'affirmer une vérité pour être cru; il faut la prouver et la démontrer au moyen d'un raisonnement rigoureux.
PATHOS *Le pathétique*	C'est l'art de gouverner les passions, c'est-à-dire de les exciter ou de les calmer au moyen de la parole et en faisant appel aux sentiments de l'auditoire.

Souvenez-vous que la parole en public est un tout : le prestige personnel ne suffit pas, non plus que de miser uniquement sur les preuves ni que de s'adresser uniquement aux émotions. ETHOS, LOGOS et PATHOS vont de concert!

SECTION 1.4.2
UTILISER LES FIGURES DE STYLE

Une figure de style est un procédé par lequel l'orateur donne une expressivité particulière à son propos. En outre les figures de style permettent de fleurir vos propos et de susciter des images mentales dans la tête de celui ou celle qui vous écoute.

LES FIGURES DE STYLE

Il existe des centaines de figures de style dont voici quelques exemples :

LA COMPARAISON	La **comparaison** exprime un rapprochement entre deux réalités a priori étrangères l'une de l'autre. La comparaison peut être simple, originale ou poétique.
	– *Vieux comme Mathusalem* – *Blanc comme neige* – *Blond comme les blés* – *Rouge comme une tomate* – *Le directeur s'élança comme un lion pour défendre son projet*

LA MÉTAPHORE	La **métaphore** supprime le mot-outil : comme, tel, tel que, dans son rapprochement entre la chose comparée et l'objet auquel on la compare. La métaphore réussie est une des plus belles figures qui soient. Elle réunit la concision, l'intensité de l'effet et la beauté.
	– *Cet homme d'affaires est un requin* – *Ce vin est un nectar délicieux* – *L'amour est un oiseau qui chante* – *Pour vaincre, nous devons tous pagayer dans le même sens* – *On ne lui avait jamais soupçonné un tel panache*

L'APOSTROPHE	L'**apostrophe,** aussi appelée *interpellation*, consiste à interpeller une personne présente ou absente au moment du discours. On l'utilise notamment dans le but de créer un effet de surprise ou interpeller l'auditeur.
	– *Je suis certain que M. Dupont, notre comptable, sera d'accord avec moi*

LA LITOTE	La **litote** est une figure de style qui consiste à en dire moins pour en suggérer davantage. Les mots utilisés expriment de façon atténuée la pensée pour mieux la mettre en évidence, souvent la litote atténue le caractère brutal d'une critique. Au point de vue linguistique, la litote s'appuie habituellement sur une double négation : une négation grammaticale, avec l'emploi du *ne... pas*, et une négation lexicale, avec l'emploi d'un mot de sens contraire. Ainsi, plutôt que d'affirmer une chose, on nie son contraire.
	– *Ce n'est pas mal* (plutôt que : *C'est très bien*) – *Il ne fait pas chaud* (plutôt que : *Il fait froid*) – *Je ne suis pas fâché de partir* (plutôt que : *Je suis content de partir*) – *Ce n'est pas inintéressant* (plutôt que : *Ceci a de l'intérêt*)

LA RÉPÉTITION	La **répétition** crée un effet d'insistance. Elle est une garantie contre l'inattention ou la distraction du public. Plusieurs auteurs l'ont utilisé, à un moment donné, pour obtenir un effet oratoire. Il faut cependant l'utiliser avec modération, en abuser risque de lasser l'auditoire.
	– *Dire la vérité, toute la vérité*
L'HYPERBOLE	L'**hyperbole** est une figure de style qui consiste à exprimer de façon exagérée une idée ou un sentiment. Elle est souvent utilisée pour produire une forte impression ou pour insister sur un point. Plusieurs procédés sont utilisés pour produire une hyperbole : la comparaison, la métaphore, l'emploi de mots excessifs, l'emploi abusif de superlatif, etc.
	– *Ton histoire est vieille <u>comme</u> le monde (comparaison)* – *Sa vie est un <u>enfer</u> (métaphore)* – *J'ai beau lui avoir répété un <u>million</u> de fois, rien y fait (mot excessif)* – *Ce tableau est <u>très, très, très</u> beau (emploi abusif de superlatif)*

SECTION 1.4.3
NAVIGUER D'UNE IDÉE À L'AUTRE

C'est au présentateur que revient le devoir d'aider son public à naviguer sur ses propos. Il utilise les marqueurs de relation pour indiquer les rapports logiques entre tous les éléments de l'exposé.

- *Non seulement... mais aussi*
- *D'un côté... de l'autre*
- *Si on se base sur les circonstances*
- *Le résultat de tout ceci est*
- *En conséquence*
- *À partir de maintenant*
- *Et autres mots ou phrases charnières*

D'autres marqueurs de relation sont présentés en annexe.

NOTES

NOTES

CHAPITRE 2
VENDRE UNE IDÉE

2.1   Se préparer à vendre une idée
2.2   Organiser le message
2.3   Livrer le message

**Pour vendre une idée,
il faut d'abord pouvoir répondre aux questions suivantes :**

- Que voulez-vous vendre?
- À qui voulez-vous le vendre?
- Quel bénéfice en retirera l'auditeur?

Par la suite, il faut construire l'argumentaire :

Trouver 3 arguments pour l'inciter à acheter votre idée ou votre produit

MODULE 2.1
SE PRÉPARER À VENDRE UNE IDÉE

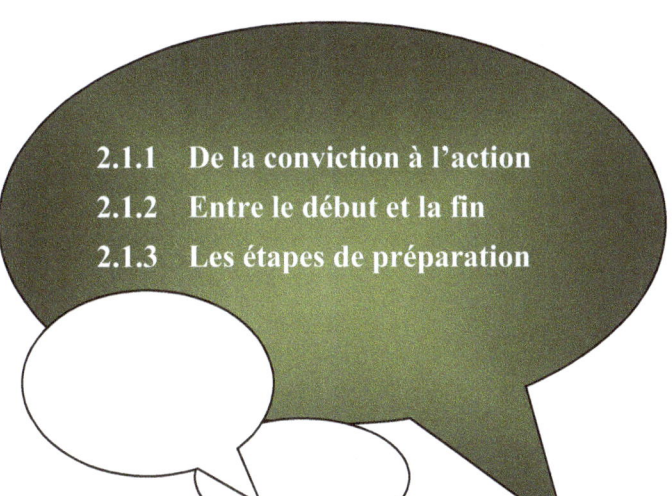

2.1.1   De la conviction à l'action
2.1.2   Entre le début et la fin
2.1.3   Les étapes de préparation

SECTION 2.1.1
DE LA CONVICTION À L'ACTION

DALE CARNEGIE

Ne cédant en rien au romain Cicéron, les orateurs grecs comme Démosthène, Eschine ou Isocrate avaient depuis très longtemps acquis leurs lettres de noblesse comme orateurs, lorsque l'éloquence sublime et passionnée qui les caractérise a cédé la place à une éloquence plus argumentative et rationnelle. En 1926, un Américain s'impose sur le devant de la scène de la parole en public et redonne à l'argumentation et la persuasion un nouvel élan. Avec la parution de *Public Speaking : a Practical Course for Business Men* réédité en 2005 sous le nom de *Public Speaking for Success* et édité en français sous le titre *Comment parler en public*, Dale Carnegie fait entrer l'éloquence dans la modernité.

CONVAINCRE SELON DALE CARNEGIE

« Pour convaincre,
il faut avant tout être convaincu »

1. Mettre de la sincérité dans sa voix : parler avec son 🧡

2. Déployer un enthousiasme contagieux

3. Faire plus souvent appel aux émotions qu'à l'intellect

4. Manifester son respect de l'auditoire

INCITER À L'ACTION SELON DALE CARNEGIE

1. Faire un exposé court où le suspense domine

2. Raconter une histoire vraie

3. Commencer par un détail de l'événement. Exemple : *Hier en buvant mon café*

4. Ajouter des informations avec un visage expressif

5. Vers la fin, énoncer ce que vous voulez que les gens fassent

6. Simplifier la demande au maximum

7. Citer un ou plusieurs bénéfices à faire ce que vous demandez

C'est *en buvant mon café* que m'est venue l'idée de créer une grille pour aider mes étudiants et les participants à mes séminaires à structurer un argumentaire simple pour vendre leurs idées, leurs projets ou leurs produits. Tous ceux qui utilisent aujourd'hui ce canevas ont réalisé combien un message simple, bien construit, et surtout bien séquencé, atteint sa cible.

Il y a un grand principe de Dale Carnegie que j'ai toujours mis de l'avant : si vous voulez vendre une idée soyez-en d'abord convaincu mais surtout, faites en sorte que votre demande soit explicite. Que désirez-vous que les gens fassent en quittant la salle? Quelle est votre demande et que leur promettez-vous en retour? Les auditeurs s'attendent à ce qu'un orateur efficace leur dise clairement ce qu'ils auront comme bénéfice (*What's in there for me?*) à suivre sa demande.

SECTION 2.1.2
ENTRE LE DÉBUT ET LA FIN

BOUSCULER NOS HABITUDES

Préparer une présentation avec le canevas minute bousculera vos habitudes. La plupart du temps quand vient le temps de rédiger son discours, on commence par l'introduction puis on rédige le développement et la conclusion.

Pour vendre une idée, il faut s'y prendre un peu différemment. On rédige d'abord l'introduction, pour se consacrer tout de suite après à la conclusion.

Pourquoi? Parce qu'en établissant rapidement de quoi sera faite ma conclusion, je trouverai ensuite plus facilement les arguments susceptibles d'influencer ceux qui m'écoutent.

À QUOI RESSEMBLE LA CONCLUSION ?

1. Une demande claire et concise :

   Que demandez-vous à votre public ?
   - *Acheter un produit*
   - *S'engager dans une action*
   - *Partager une opinion*

2. Un bénéfice pour séduire l'acheteur :

   Quel bénéfice en retirera-t-il ?

DEUX EXEMPLES

Exemple 1 : *Tout ce que je demande aux personnes réunies ce soir à l'occasion de ce séminaire sur la préparation à la retraite, c'est de bien vouloir m'accorder un entretien individuel de 30 minutes qui pourra avoir lieu en personne ou par téléphone dans les semaines à venir* **(demande)**. *Je suis convaincu qu'après seulement 30 minutes d'entretien, vous aurez trouvé une ou deux astuces pour faire fructifier votre avoir en prévision de la retraite* **(bénéfice)**.

Exemple 2 : *Dans notre service les changements foisonnent et vous avez tous été fréquemment sollicités ces dernières années pour conduire à bon port les nouveautés mises de l'avant par la direction. Je sollicite encore une fois votre détermination pour piloter ce nouveau projet* **(demande)**. *Votre énergie et votre hardiesse ont toujours fait de ce service un exemple à suivre, sans compter qu'elles ont réussi à maintenir nos parts de marché dans un monde de plus en plus concurrentiel* **(bénéfice)**.

SECTION 2.1.3
LES ÉTAPES DE PRÉPARATION

Ce tableau résume les étapes de préparation à suivre selon que l'on veuille informer ou vendre une idée.

INFORMER	VENDRE UNE IDÉE
1. INTRODUCTION	**1. INTRODUCTION**
1. Déclencheur	1. Déclencheur
2. Sujet	2. Sujet
3. Objectif	3. Objectif
4. Avantage	4. Avantage
5. Plan	5. Plan
2. DÉVELOPPEMENT	**2. CONCLUSION**
1. Idée secondaire 1	1. Demande
2. Idée secondaire 2	2. Bénéfice
3. Idée secondaire 3	
3. CONCLUSION	**3. ARGUMENTAIRE**
1. Résumé des points clés	1. Argument 1
	2. Argument 2
	3. Argument 3

MODULE 2.2

ORGANISER LE MESSAGE

2.2.1 Explication du canevas minute
2.2.2 Exemple de canevas complété
2.2.3 Canevas d'exercice

Section 2.2.1
Explication du canevas minute

> Le canevas minute est utile pour vendre une idée en réunion ou devant un grand auditoire

Il permet de :
- Se préparer à vendre une idée en 15 minutes
- Ordonnancer ses idées pour convaincre
- Réunir en une seule page tous les attributs d'un exposé réussi

	LE CANEVAS EN 6 ÉTAPES
1.	Le canevas minute est une grille pour vendre une idée. Il permet de visualiser en un clin d'œil l'organisation de vos arguments, que votre présentation dure 5 minutes ou une heure. En regardant la page 49 vous verrez tout d'abord un carré vert où sont inscrits les mots Mon but et L'auditoire, vous utiliserez cet espace pour spécifier votre intention, ce que vous voulez vendre et donner les caractéristiques essentielles du public auquel vous vous adressez.
2.	Juste à droite du carré vert, il y a deux rectangles qui rappellent les éléments indispensables à une introduction réussie : le déclencheur (question posée à l'auditoire, témoignage, donnée statistique, citation ou tout élément susceptible de capter l'attention), le sujet, l'objectif et l'avantage pour l'auditoire à vous écouter.
3.	Attention, la grande flèche verte à droite vous envoie directement au bas de la page, à la conclusion. En effet, il est impératif de fixer tout de suite la demande que vous adresserez à votre auditoire et le bénéfice que celui-ci en retirera s'il s'engage à souscrire à votre idée, votre projet ou votre produit.
4.	Une fois le départ et l'arrivée clairement rédigés, il faut maintenant élaborer trois arguments susceptibles d'influencer votre public cible.
5.	Les idées secondaires sont les exemples, les explications ou les démonstrations qui viennent soutenir vos trois arguments.
6.	En guise de conclusion, vous résumez vos trois arguments, c'est souvent le meilleur moment pour éveiller l'imagination avec une figure de style ou une phrase choc susceptible d'étonner, de séduire ou d'émouvoir.

Voir la page 50 *Exemple de canevas complété* dont vous pouvez vous inspirer.

Le petit pont en forme de flèche rappelle l'importance d'utiliser les marqueurs de relation pour guider votre auditoire à travers la structure de votre argumentaire. Vous trouverez plusieurs exemples de marqueurs de relation en annexe.

Vendre une idée

LE CANEVAS MINUTE

1. Mon but
Que voulez-vous obtenir ou vendre lors de cette prise de parole ?

L'auditoire
Quel est-il ? Y aura-t-il un décideur dans la salle ? Ce public est-il hostile, neutre ou favorable à votre point de vue ?

2. Élément déclencheur

2. Sujet – Objectif – Avantage

4. Argument 1 | **Argument 2** | **Argument 3**

5. Idées secondaires
Exemples
Explications
Démonstration
Punch Line

Idées secondaires
Exemples
Explications
Démonstration
Punch Line

Idées secondaires
Exemples
Explications
Démonstration
Punch Line

6. Résumé 1
Phrase choc ou image résumant l'argument 1

Résumé 2
Phrase choc ou image résumant l'argument 2

Résumé 3
Phrase choc ou image résumant l'argument 3

3. Conclusion : demande et bénéfice
Quelle garantie, quel bénéfice promettez-vous à votre auditoire en échange de son engagement envers votre idée, votre projet ou votre produit ?

SECTION 2.2.2
EXEMPLE DE CANEVAS COMPLÉTÉ

Mon but
Vendre de l'assurance-vie à un public sceptique.

L'auditoire
Clients potentiels

Élément déclencheur
Mon père croyait que détenir une assurance-vie portait malheur.

Sujet – Objectif – Avantage
Je suis ici pour vous convaincre du contraire. Acheter de l'assurance-vie est une preuve d'amour.
À la fin de ma présentation vous ne verrez plus l'assurance-vie de la même manière.

Argument 1	Argument 2	Argument 3
Tout d'abord, les coûts de l'assurance-vie	*Ensuite, les types d'assurances-vie*	*Enfin, la possibilité de rachat d'une assurance-vie*
Idées secondaires ○ *Les coûts varient selon la protection souhaitée.* ○ *Pour moins de 100 $ par mois, vous pouvez vous procurer une protection de 100 000 $.*	**Idées secondaires** ○ *Assurance-vie collective* ○ *Assurance-vie personnelle*	**Idées secondaires** ○ *Vous pouvez racheter votre assurance en cas de besoin*
Résumé 1 *En résumé, un coût minime garanti à vie*	**Résumé 2** *Que vous vous procurez personnellement ou au travail*	**Résumé 3** *C'est un investissement qui rapporte*

Conclusion : demande et bénéfice
Si vous aimez votre conjoint, achetez une assurance-vie ! **(demande)**
Vous dormirez ce soir l'âme en paix, en ayant l'assurance qu'en cas de malheur, votre famille pourra cultiver votre mémoire en toute reconnaissance. **(bénéfice)**

Section 2.2.3
Canevas d'exercice

Mon but L'auditoire	Élément déclencheur	
	Sujet – Objectif – Avantage	
Argument 1	Argument 2	Argument 3
Idées secondaires	Idées secondaires	Idées secondaires
Résumé 1	Résumé 2	Résumé 3

Conclusion : demande et bénéfice

CANEVAS D'EXERCICE

Mon but L'auditoire	Élément déclencheur	
	Sujet – Objectif – Avantage	
Argument 1	Argument 2	Argument 3
Idées secondaires	Idées secondaires	Idées secondaires
Résumé 1	Résumé 2	Résumé 3
Conclusion : demande et bénéfice		

MODULE 2.3

LIVRER LE MESSAGE

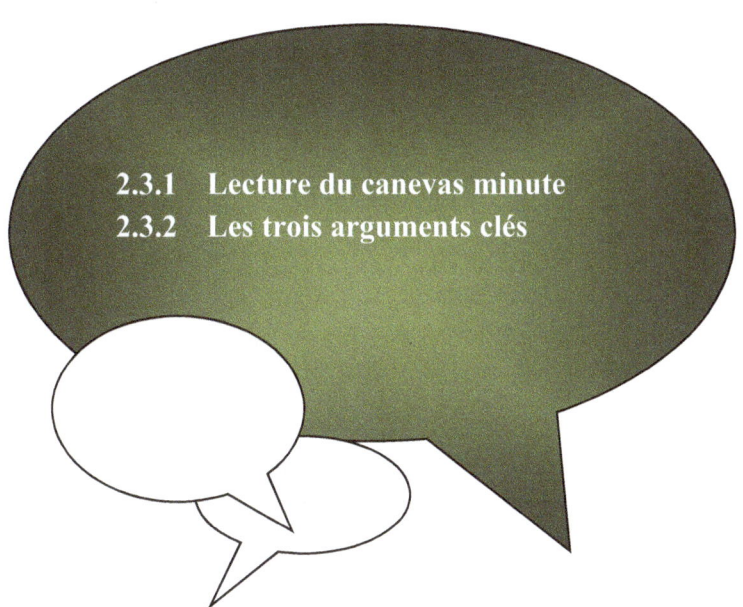

2.3.1   Lecture du canevas minute
2.3.2   Les trois arguments clés

Section 2.3.1
Lecture du canevas minute

> *Le canevas minute se lit de gauche*
> *à droite et non de bas en haut*

AU MOMENT DE LIVRER LE MESSAGE

1. Après l'introduction, il est important d'annoncer les 3 arguments ou messages-clé, c'est une manière d'introduire votre plan et de donner une vue d'ensemble à l'auditoire.

   > *Aujourd'hui j'ai 3 choses à vous dire : **tout d'abord** (argument 1), **ensuite** (argument 2), **enfin** (argument 3).*

2. On revient ensuite aux détails de chaque argument avec des exemples, des explications ou une démonstration. Il est avantageux d'introduire une déclaration choc ou un *Punch Line* dans chacun des blocs d'idées secondaires; ces messages servent à surprendre ou émouvoir votre public.

3. Enfin, il est temps de résumer l'ensemble de vos propos en récapitulant les 3 arguments un après l'autre. Cette étape est cruciale et nécessite toute votre attention. De fait, c'est souvent à cette étape que l'orateur cristallise ses appuis avec quelques phrases bien tournées, une bonne ponctuation de la voix et une gestuelle appropriée.

4. Après votre résumé il est temps de conclure, de faire votre demande et de garantir à chacun un bénéfice lié à l'acceptation de votre proposition.

Section 2.3.2
Les trois arguments clés

Pourquoi 3 arguments ?

- Pourquoi trois arguments et non pas 4 ou 6 ?
- Il est bien sûr possible d'avoir plus de 3 arguments, mais comme la valse à trois temps, le cerveau enregistre plus facilement un ensemble de 3 éléments.
- Si vous présentez un sujet complexe et qu'il est impossible de réunir les idées sous trois grands chapeaux, alors, je suggère de maintenir le principe du canevas en y ajoutant les cases nécessaires aux arguments supplémentaires.

Vendre une idée est une question de logique

Au moment de la préparation :
- Qu'allez-vous demander à l'auditoire de faire, penser ou partager ?
- Quel(s) bénéfice(s) en retirera cet auditoire ?

Au moment de la présentation :
- Annoncer vos 3 arguments
- Donner le détail de chaque argument
- Résumer les 3 arguments
- Faire une demande simple et présenter le bénéfice d'y souscrire

Que faire si on vous ampute du temps ?

Imaginez que l'on avait prévu vous accorder 30 minutes pour exposer votre projet, mais un contretemps fait en sorte qu'on ne vous en alloue plus que 15. Que faites-vous ? Trop de gens auraient le réflexe de s'amputer d'un argument complet : son annonce, son détail et son résumé. Quel dommage ce serait de priver votre auditoire d'un bloc essentiel de votre allocution ! Choisissez plutôt de réduire le nombre d'exemples, enlevez des détails (on en a toujours trop de toute façon), mais gardez vos 3 arguments.

NOTES

CHAPITRE 3

S'AFFIRMER AVEC
LE CORPS ET LA VOIX

    3.1   Se servir de la voix comme outil de persuasion
    3.2   Se servir du corps pour appuyer le message

> *Pour capter et soutenir l'attention d'un auditoire, il faut offrir une prestation riche en stimulations sensorielles, auditives, visuelles et non verbales. Il faut savoir tirer parti de sa voix, de son regard, de ses gestes et de ses déplacements.*

LA RÈGLE DES 3 V
D'ALBERT MEHRABIAN

- 7 % de la communication est *Verbale* (signification des mots)

- 38 % de la communication est *Vocale* (intonation et son de la voix)

- 55 % de la communication est *Visuelle* (expressions du visage et du corps)

La célèbre équation d'Albert Mehrabian, professeur émérite de psychologie à l'Université de Californie (UCLA), a été reprise des dizaines de fois dans toutes sortes d'ouvrages et, la plupart du temps, citée à tort.

En effet, les gens ont coutume de dire que 93 % du pouvoir de conviction d'un individu réside en sa manière non verbale et paraverbale de prononcer le message. Sur son site internet, le professeur Mehrabian précise qu'à moins de parler de ses sentiments ou de ses états d'esprit, ces équations ne sont pas applicables.

Nonobstant que cette équation ne soit valable qu'au moment où l'orateur exprime un sentiment ou révèle son état d'esprit, il reste vrai que la voix et le langage corporel jouent un rôle primordial dans toute communication publique. Une voix monotone donnera l'impression que le présentateur est peu intéressé par son sujet alors qu'une voix enjouée suggérera que l'orateur est dynamique, confiant et maître de son contenu. Il en va de même pour le langage corporel.

MODULE 3.1

SE SERVIR DE LA VOIX COMME OUTIL DE PERSUASION

3.1.1 L'appareil vocal
3.1.2 L'élocution, le volume et le diapason
3.1.3 La diction
3.1.4 La respiration
3.1.5 Les silences stratégiques
3.1.6 Le point final
3.1.7 La ponctuation de la voix

SECTION 3.1.1
L'APPAREIL VOCAL

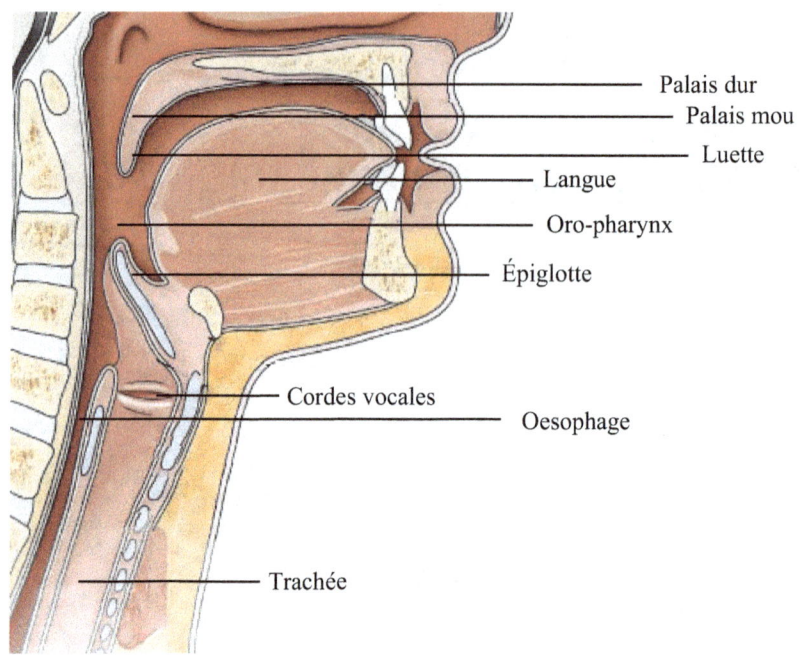

L'appareil vocal est d'une grande complexité. Outre les poumons qui représentent la soufflerie, il se compose du larynx, mais aussi du pharynx, le voile du palais, la luette, la langue, les dents, les lèvres, la glotte, l'épiglotte, les cavités de résonnance nasales et buccales, les cordes vocales, etc.

Si on dit que les poumons sont la soufflerie, on peut dire que le larynx est l'organe fondamental de la phonation grâce aux cordes vocales qu'il renferme. Elles entrent en mouvement sous la pression de l'air venu des poumons. La glotte est l'espace entre les cordes vocales et le son consiste en ondes qui se propagent dans l'air, à l'expiration.

S'affirmer avec le corps et la voix

SECTION 3.1.2
L'ÉLOCUTION, LE VOLUME ET LE DIAPASON

VARIER LA VITESSE D'ÉLOCUTION

En langues occidentales, les locuteurs prononcent entre 100 et 160 mots à la minute, la vitesse d'élocution variant selon les individus, le pays d'origine et selon les circonstances (Ex. *: bulletins de nouvelles, vente aux enchères, etc.*). Toutefois, plus le débit est rapide, meilleure doit être la diction.

Pour parler en public, il faut savoir varier son débit (lent, normal ou rapide). Le débit devrait être ajusté selon l'importance du propos :

- Événement ou élément de peu d'importance : **débit rapide**
- Événement ou élément d'importance relative : **débit normal**
- Événement ou élément de grande importance : **débit lent**

> *Plus c'est grave et important, plus je ralentis.*

Lionel Bellenger dans son livre *L'expression orale*, observe un lien étroit entre débit et respiration :

> *Si le présentateur sait bien aspirer par la bouche, sans bruit, et le faire souvent, il pourra varier le débit sans aucune gêne.*

Pour Jean-Marc Aimonetti, l'auteur de *Comment ne pas endormir son auditoire en 30 secondes* :

> *Il suffit d'augmenter le volume de la voix pour accélérer le débit et de réduire le volume pour le diminuer. Ajouter des pauses à la fin de chaque phrase aide aussi à ralentir le débit.*

Nous verrons que bien respirer, ponctuer la voix, y inclure des silences stratégiques et s'exercer à la scansion sont propices à la pose de voix.

AUGMENTER OU RÉDUIRE LE VOLUME

Selon Richard Greene, leader mondial dans le coaching des habiletés à parler en public, le volume devrait aussi refléter l'importance du propos :

- Événement ou élément de peu d'importance : **voix moyenne**
- Événement ou élément d'importance relative : **voix moyenne**
- Événement ou élément de grande importance : **voix très douce ou très forte**

> *Varier le volume soutient l'attention et met en évidence ce qui est important.*

AJUSTER LE DIAPASON OU LA HAUTEUR DE LA VOIX

On dit de certaines voix qu'elles sont haut perchées, d'autres qu'elles sont graves ou caverneuses. Le diapason fait toute la différence ! Il est l'échelle des sons que peut produire une voix, du plus aigu au plus bas.

Le diapason devrait être ajusté selon l'importance du propos :

- Événement ou élément de peu d'importance : **peu de variations dans la voix**
- Événement ou élément d'importance relative : **peu de variations dans la voix**
- Événement ou élément de grande importance : **variations significatives dans la voix**

> *On fait plus facilement confiance à ceux et celles qui sont capables de moduler leur voix vers le bas.*

SECTION 3.1.3
LA DICTION

La diction est un ensemble de règles complexes composé de la prononciation et de l'articulation. Ces deux termes sont souvent confondus.

- **La prononciation** : elle concerne les voyelles, leur *ouverture* et leur *fermeture*

- **L'articulation** : elle concerne l'émission des consonnes, en fait des syllabes

LA PRONONCIATION

La prononciation est la manière de dire un mot. Elle ne change pas le sens du mot, mais provient du contexte dans lequel on l'a appris : l'époque, l'endroit où l'on est né ou l'endroit où l'on vit, la classe sociale et l'éducation. La prononciation concerne la qualité de l'émission des voyelles et des sons vocaliques.

Quoiqu'il existe une norme internationale du français parlé, chaque nation francophone a modelé sa prononciation de manière légèrement distincte à travers son histoire. Le français parlé au Québec se distingue de celui des locuteurs de France, de Belgique, ou de Suisse, par exemple, mais il y a aussi des variations régionales (l'accent gaspésien, l'accent acadien, l'accent provençal, l'accent parisien). Qu'importe le contexte culturel, il faut « bien prononcer » ses mots, c'est-à-dire clairement distinguer les sons vocaliques pour que les mots soient entendus sans difficulté par notre auditoire.

L'ARTICULATION

L'articulation donne du relief à la voix et est organisée principalement autour des consonnes. L'articulation réussie des consonnes requiert de la concentration, une langue souple, une bouche détendue et... des exercices préparatoires de réchauffement en forme de jeux. Les virelangues sont les plus connus.

> « *Prenez appui sur les consonnes; imaginez que les consonnes sont comme les jambes de devant du cheval et les voyelles, les jambes arrière. Celles-ci suivront toujours!* »
>
> Charles Dullin
>
> Acteur et comédien français

Section 3.1.4
La respiration

Les virelangues

Les virelangues sont des phrases dans lesquelles la langue vire, se tord, se crispe à cause de la répétition d'un même son ou de deux ou trois sons dont le lieu d'articulation est très proche dans la bouche. Voici quelques exemples classiques à répéter chacun 10 fois :
- *Panier piano, panier piano, panier piano, panier piano*
- *Cricri écrase trois gros crabes gris*
- *Sans souci six sangsues suçant au sang six cents sots*
- *Je veux-z-et j'exige, j'exige et je veux*
- *Que lit Lili sous ces lilas-là ? Lili lit l'Illiade*

La scansion

En français, la phrase se module par l'intensité avec laquelle on projette certaines syllabes, c'est l'accent tonique. La scansion est une sorte d'accent tonique qui peut être déplacé pour marquer un ressenti et ainsi faire un effet sur l'auditoire. Amusez-vous à prononcer la phrase qui suit en mettant l'accent d'insistance sur le mot encadré et voyez comment cela peut changer le sens de l'énoncé :

   J'ai le meilleur patron du monde
   J'ai le meilleur patron du monde
   J'ai le meilleur patron du monde
   J'ai le meilleur patron du monde
   J'ai le meilleur patron du monde

Respirer pour mieux parler

La respiration abdominale :
- Inspirer en gonflant le ventre
- Ne pas hausser les épaules
- Expulser le souffle très lentement en parlant

La grande comédienne Sarah Bernhardt écrivait à la fin de sa vie : « L'émission d'un son dépend du degré d'ouverture de la bouche et particulièrement de la façon de respirer. Il ne faut jamais aller au-delà de son souffle; il faut emmagasiner de l'air pour 26 mots au moins. On y parvient assez vite en ne laissant échapper l'air que doucement et lentement sur les mots ». On peut y parvenir avec des exercices comme réciter un poème en montant l'escalier, ou sur une bicyclette stationnaire. S'assurer que l'inspiration est profonde, que l'expiration est lente et qu'on prononce et articule chaque mot clairement et avec volume !

SECTION 3.1.5
LES SILENCES STRATÉGIQUES

LES SILENCES ENTRE LES MOTS ET LA BEAUTÉ DE LA VOIX

Selon le Dr Jean Abitbol, médecin ORL, un des spécialistes mondiaux des cordes vocales et auteur du livre *L'odyssée de la voix* publié chez Robert Laffont : « Ce sont les silences qui donnent du rythme aux phrases que l'on prononce. Les silences permettent à celui qui écoute d'avoir le temps d'accepter la séduction vocale de celui qui parle. Il peut alors rester attentif tout en gardant ouvert son espace émotionnel. Les voix que l'on trouve belles ont cette qualité. »

INSÉRER DES PAUSES

Le silence paraît toujours plus long pour celui qui le fait que pour ceux qui écoutent. Richard Greene, l'auteur de la vidéo *The 5 Communication Secrets that Swept Obama to the Presedency*, affirme qu'un silence, fait au bon moment, propulse un bon communicateur au rang des grands orateurs. Pour Greene, une bonne pause génère une intensité dramatique et crée chez l'auditoire le sentiment que le présentateur tient fermement les commandes de son exposé. La pause crée une tension, un suspens qui a pour effet de préparer l'auditoire à la suite du discours. L'erreur la plus fréquente est de faire des silences uniquement après une annonce importante, alors que ce silence devrait précéder les moments forts ou les *punch line*.

- « Les pauses ont dans le discours, la valeur d'un silence » *Lionel Bellenger*
- Elles permettent aux auditeurs d'assimiler ce qui est dit
- Elles donnent la chance à l'orateur de reprendre son souffle
- Insérer avant ou après l'annonce d'un fait important, préférablement avant
- Insérer après avoir questionné l'auditoire
- Insérer après une hésitation de votre part, avant de continuer

LES EUH !

Plusieurs orateurs, animateurs de radio et commentateurs ont la vilaine habitude de respirer à voix haute, cette respiration s'entend et donne le son « euh », véritable parasite de la parole en public. Pour se défaire de cette mauvaise habitude, on doit réapprendre à respirer en parlant. En effet, dans la parole en public, c'est la phase expiration qui joue un rôle capital (l'air porte le son). Pour être capable de parler entre 15 et 20 secondes sur une expiration, il faut avoir inspiré correctement et aspiré l'air par « gorgées silencieuses ». Si le « euh » est simplement un moment de réflexion, malheureusement audible, on peut lui substituer une pause, un arrêt, un silence. Et on en profite pour inspirer par le nez et sourire lèvres fermées.

Section 3.1.6
Le point final

Le point final de votre discours

Mon expérience a démontré que les présentateurs nerveux, ceux qui sont naturellement plus timides, ont tendance à adopter les comportements suivants :

- Ils négligent la fin de leur discours
- Ils baissent la voix
- Ils deviennent à peine audibles

Cette finale escamotée est souvent accompagnée d'un pas vers l'arrière, comme si le présentateur désirait quitter précipitamment la scène.

Le mot de la fin

La fin d'une prise de parole ne doit pas être associée à un vide où viennent tomber les derniers mots de l'exposé. Il ne s'agit pas de hausser ou d'élever la voix, mais de soutenir le tonus, donc la force vocale jusqu'à la fin.

- Terminer en beauté
- Soutenir les finales
- Maintenir le tonus vocal

SECTION 3.1.7
LA PONCTUATION DE LA VOIX

PONCTUER LE TEXTE

Avant de terminer ce module, voici une suggestion à ne pas négliger, croyez-moi ! Si vous voulez que votre texte ait une âme, si vous voulez que les auditeurs perçoivent votre enthousiasme, votre détermination, votre déception ou toute autre émotion que vous désirez communiquer, je vous propose de ponctuer votre texte, c'est-à-dire :

1. Écrire votre texte en gros caractères
2. Laisser un interligne suffisamment grand pour vos notes de ponctuation
3. Insérer au-dessus et au-dessous du texte des signes de ponctuation verbale afin de guider votre voix pour communiquer correctement le sentiment que vous voulez exprimer. Voici quelques exemples de signes à utiliser, ou à vous de créer les vôtres.
4. Exemples de signes de ponctuation proposés par Lionel Bellenger dans *L'expression orale* :

↗	le ton monte
↘	le ton descend
ℓℓℓ (haut)	on accélère
ℓℓℓ (bas)	on ralentit
/	pause brève (1 seconde)
//	pause longue (2 secondes)
—	accent d'insistance
••••	on chuchote

UN EXEMPLE

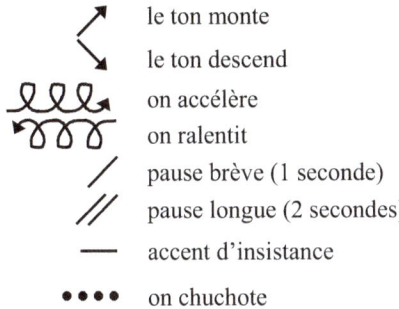

Ton agressif :   *Ce projet* **/** *a pris un re-tard* **//** *in-croyable* ↗

Ton tendre :   *Ce projet* **/** *a pris un retard incroyable* ↘ ↘

Ton enjoué :   *Ce projet* **/** *a pris un retard* **/** *incroyable* ↗ ↗ ↗

EXERCICE : PONCTUATION POUR ILLUSTRER UN SENTIMENT

1. Quel sentiment désirez-vous illustrer?

   _____

2. Inscrivez ci-dessous la phrase ou le court texte que vous désirez ponctuer. Ensuite, ponctuez votre texte en utilisant les signes de ponctuation au bas de cette page (ou d'autres signes si vous le souhaitez), de manière à ce que lorsque vous lirez cette phrase ou ce texte à voix haute, l'auditoire puisse reconnaître le sentiment que vous voulez communiquer. Faites plusieurs essais, enregistrez vos essais et voyez si vous avez réussi à traduire, avec votre voix, l'émotion ou le sentiment souhaité. *Cf.* page précédente pour exemple.

   _____

   _____

   _____

   _____

   _____

   _____

Les signes de ponctuation sont :

    ↗   le ton monte

    ↘   le ton descend

    𝓔𝓔𝓔→   on accélère

    ←𝓞𝓞𝓞   on ralentit

    /   pause brève (1 seconde)

    //   pause longue (2 secondes)

    —   accent d'insistance

    ••••   on chuchote

MODULE 3.2

SE SERVIR DU CORPS
POUR APPUYER LE MESSAGE

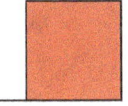

3.2.1 Le message du corps
3.2.2 L'entrée en scène
3.2.3 La posture
3.2.4 Les gestes
3.2.5 Les déplacements
3.2.6 La tenue vestimentaire
3.2.7 Les mimiques
3.2.8 Le regard

SECTION 3.2.1
LE MESSAGE DU CORPS

MESSAGE ÉMIS, MESSAGE REÇU

« En communication, le message émis n'existe que par la façon dont il est perçu. » *Jean-Claude Martin*

Entre votre volonté de transmettre un message ou de vendre une idée et ce qu'en pensent ceux qui vous écoutent, il peut exister un grand fossé. Pour cette raison, il faut joindre le bon geste à la parole pour que le public sente la congruence entre les mots que vous prononcez et votre langage corporel.

LE CORPS NE SAIT PAS MENTIR

Dans la vie, votre corps est votre principal outil de communication. Il précédera toujours vos paroles et il ne ment jamais. Donnez-lui la chance d'exprimer ce qui vous passionne à propos de votre sujet de présentation. Pour cela, allumez votre feu intérieur avant de prendre la parole et votre corps exprimera tout naturellement ce qui vous anime.

SECTION 3.2.2
L'ENTRÉE EN SCÈNE

FAIRE BONNE IMPRESSION

La manière de vous rendre à l'estrade est très révélatrice de votre état d'esprit. L'auditoire saura intuitivement si vous êtes alerte, inquiet ou confiant, et réagira en conséquence. Comment faire bonne impression lors de votre entrée en scène ?

QUELQUES CONSEILS

1. Marchez lentement et avec assurance vers l'estrade

2. Marchez le corps droit et la tête haute

3. Déposez vos notes et regardez l'auditoire en lui souriant

4. Assurez votre équilibre : pieds écartés à la largeur des épaules

5. Prenez une grande respiration abdominale, souriez

6. Commencez à parler après avoir bien pris le temps de vous installer

SECTION 3.2.3
LA POSTURE

La posture est la manière dont l'orateur se tient pendant qu'il parle. La posture peut être rigide, négligée, imposante ou tout simplement adéquate. Mais elle peut aussi prendre des allures un peu plus cocasses qu'il faut corriger absolument.

La posture du cow-boy : est une posture typiquement masculine. L'homme se tient devant le public les jambes éloignées l'une de l'autre comme s'il était Henry Fonda dans le film de Sergio Leone : *Il était une fois dans l'ouest*.

La posture du trac : par gêne et inconfort le présentateur, homme ou femme, mais surtout les hommes, croise les mains devant, sous la ceinture.

La posture du condamné : mains derrière le dos, le présentateur laisse les jambes rapprochées l'une de l'autre sans bouger.

La posture du séducteur : à trop vouloir être décontracté, on tombe dans le familier. Il faut éviter les deux mains dans les poches (pour les hommes), les mains sur les hanches (pour les femmes), et la démarche nonchalante. En général, les femmes ont moins de problèmes avec la posture que les hommes. Sans doute à cause des préceptes culturels et des bonnes manières qui leur ont été inculqués dès l'enfance.

POSTURE SUGGÉRÉE

- Bien camper ses pieds à la largeur des épaules
- Garder la tête bien droite sur la 1re vertèbre
- Redresser les épaules, surtout ne pas courber l'échine
- Garder le bas du corps le plus immobile possible sans rigidité
- Utiliser des gestes naturels qui expriment la confiance en soi et le dynamisme
- Les hommes peuvent adopter la posture une main dans la poche du pantalon, alors que l'autre reste libre de s'exprimer. Le danger de cette posture est de garder la main dans la poche tout au long de l'exposé

Section 3.2.4
Les gestes

Il sera difficile de déterminer à l'avance les gestes que vous ferez. Les gestes naissent spontanément et sont souvent commandés par l'inconscient.

Il est possible cependant de s'enregistrer sur vidéo, de s'analyser, et de bannir les gestes qui semblent incohérents, répétitifs ou exagérés. C'est une belle occasion de vérifier si vous avez des tics comme porter la main à son visage, replacer ses cheveux, jouer avec un crayon, etc.

Peut-être réaliserez-vous, au contraire, que vous ne bougez pas assez. Dans ce cas, adoptez deux ou trois gestes qui pourront appuyer correctement votre argumentaire.

Gestes suggérés

- Être ni figé ni agité
- S'exprimer avec des gestes qui ne dépassent pas les épaules
- Utiliser ce que les Américains appellent le *Power zone*, c'est-à-dire l'espace qui est devant le torse
- Faire suivre les épaules lorsque vous tournez la tête
- Diriger certains gestes vers le bas comme pour semer et enraciner vos idées

SECTION 3.2.5
LES DÉPLACEMENTS

Dans un espace qui le permet, les déplacements peuvent être une bonne chose. Ils doivent être réfléchis et surtout, ne pas être des mouvements instinctifs comme un balancement d'avant/arrière ou des pas de danse involontaires.

C'est la tête qui doit commander les pieds et non l'inverse. Vous ne voulez pas ressembler à un échassier du Cirque du Soleil et vous tenir sur une seule jambe, comme vous ne voulez pas vous traîner les pieds sur le sol et que le public entende ce bruit désagréable.

Il faut aussi éviter de patrouiller dans l'espace de gauche à droite sans arrêt, cela aurait pour effet de distraire le public. Même derrière un lutrin, il faut éviter les mouvements de pieds disgracieux.

DÉPLACEMENTS SUGGÉRÉS

- Se déplacer latéralement ou en direction de l'auditoire
- Se déplacer pour montrer quelque chose à l'écran
- Se déplacer pour faire circuler un objet dans la salle
- Se diriger vers la gauche, la droite et le centre de manière égale pendant l'exposé

Surtout, ne pas abuser des déplacements!

S'affirmer avec le corps et la voix

SECTION 3.2.6
LA TENUE VESTIMENTAIRE

Le premier message que reçoit l'auditoire provient de l'habillement. En quelques secondes, vous aurez réussi ou échoué votre première impression. Une 1re mauvaise impression sera difficile à surmonter; pour capter à nouveau l'attention, il faudra que votre texte, votre voix et vos gestes viennent suppléer à cette faute de goût.

Parfois, l'erreur est due à un manque d'information.

- Prenez-vous la parole lors d'un gala ou à l'occasion d'un colloque?

- Parlez-vous à votre personnel lors d'une rencontre de travail?

- Vous adressez-vous au conseil de direction ou aux actionnaires?

- Êtes-vous conférencier dans votre ville, votre pays ou à l'étranger?

Votre tenue vestimentaire devra s'harmoniser avec le milieu socio-professionnel, le lieu, la culture et le genre d'événement dans lequel s'inscrit votre parole en public.

Il vaut mieux s'informer auprès des organisateurs pour avoir toutes les informations utiles à votre choix de vêtements et éviter ainsi une erreur d'étiquette.

> N'oubliez pas que chaque personne peut influencer, par sa tenue, la perception des autres à son égard.

LA TENUE À ÉVITER À TOUT PRIX

- Les vêtements froissés

- Les souliers non cirés

- Les bijoux extravagants

- Les maquillages exagérés

- Les lunettes de lecture, souvent placées sur le bout du nez, créent une image ambiguë

LA TENUE SUGGÉRÉE

- Tenue vestimentaire sobre, légèrement plus élégante que celle de la majorité des auditeurs
- Choisir un costume, un tailleur ou une robe noir, marine, gris ou beige foncé
- Préférer une chemise ou un chemisier blanc
- Ajouter une petite touche de couleur avec la cravate, le foulard ou le bijou
- S'habiller selon sa taille pour éviter le veston étriqué ou la jupe trop serrée
- Se démarquer du décor : une robe noire devant un fond de scène noir vous fera disparaître
- Vider ses poches, enlever les clés, le portefeuille ou la monnaie
- Les femmes doivent particulièrement faire attention aux détails de leur toilette car elles sont susceptibles d'être jugées sur ces détails
- Attention au décolleté et à la longueur de la jupe qui pourraient faire dévier l'attention des auditeurs
- Adopter une coiffure relevée ou attacher leurs cheveux longs permet aux jeunes femmes professionnelles d'accentuer leur sérieux, et leur évite d'être perçue comme encore adolescentes par plusieurs... surtout, cela a pour effet de dégager le visage et de permettre à l'auditoire de lire les sentiments qu'elles expriment

Section 3.2.7
Les mimiques

Le visage est le lieu de mille et une expressions. Les émotions, l'enthousiasme ou l'assurance s'y lisent à livre ouvert. Souvent, les expressions du visage sont spontanées, non contrôlées; il faut donc se méfier.

Si en Occident, les gestes amples et les mimiques sont bienvenus, il n'en est pas de même partout. En Asie, le présentateur sera plus réservé et usera d'un langage corporel plus discret.

Les mimiques à éviter

Nous ne sommes pas tous enclins aux mimiques dans la même proportion, certains en font beaucoup, d'autres moins. Il faut éviter les expressions disgracieuses :

- Les yeux exagérément ouverts marquent l'étonnement, la surprise
- Les sourcils froncés cachent la colère, le désaccord
- Les lèvres pincées étiquettent le méfiant ou l'ombrageux
- Etc.

Il faut surtout éviter les autocontacts qui risquent de révéler un sentiment ou une pensée que l'on préférerait garder caché. Ce sont les grattages, les caresses ou les touchers que l'on se fait à soi-même. Certains se frottent le nez, d'autres jouent avec une couette de cheveux, d'autres préfèrent se pincer le menton. Rien de tout cela n'est édifiant en public.

Section 3.2.8
Le regard

Être éloquent c'est savoir dire quelque chose à quelqu'un certes, mais c'est avant tout savoir livrer un message dans une situation de communication sociale ou professionnelle. Le regard est alors le meilleur moyen d'établir le contact avec votre auditoire.

En tout premier lieu, il faut savoir balayer la salle du regard, c'est-à-dire parcourir les rangées de sièges et les individus qui y sont installés. Je vous recommande de vous arrêter régulièrement sur un visage pendant 2 ou 3 secondes, le temps de créer un lien avec cette personne. Le balayage de la salle vous assure de considérer tout l'auditoire et de n'oublier personne.

Une deuxième technique, plus difficile à maîtriser, est celle du triangle imaginaire. Il s'agit de dessiner des triangles imaginaires avec votre regard, où vous vous arrêtez pendant quelques secondes sur un individu placé à un sommet du triangle, puis vous repartez vers un autre sommet, c'est-à-dire vers un autre visage. En variant les triangles, vous devriez rejoindre tous vos auditeurs au moins une fois pendant votre présentation.

Danger de la technique du triangle : créer un seul triangle imaginaire pendant tout l'exposé et, conséquemment, ne regarder que 3 personnes pendant tout votre discours.

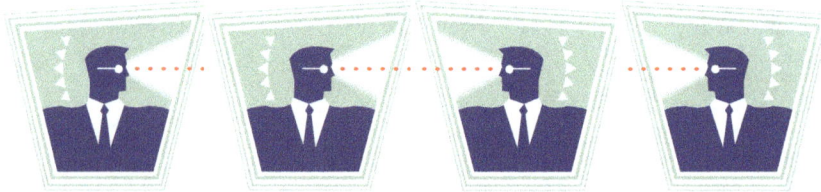

En conclusion

- Être sincère
- Être honnête
- Rester soi-même
- Demeurer authentique

Votre voix et une gestuelle éloquente viendront ajouter le PATHOS à l'ETHOS et au LOGOS vus dans les deux premiers chapitres. Elles viendront ajouter la passion et l'authenticité à vos prises de parole.

NOTES

NOTES

CHAPITRE 4

GÉRER SON TRAC

    4.1   Définir le trac
    4.2   Maîtriser le trac
    4.3   Atténuer le trac
    4.4   Dissimuler le trac

Parler en public est un facteur de stress relié à :

- L'anxiété de non-performance
- La crainte d'être jugé
- La peur de mal paraître

Il est important de :

- Bien se connaître
- Se préparer avec minutie
- Répéter, répéter, répéter
- Respirer, respirer, respirer
- S'imaginer en train de réussir

Dites-vous que…

- Le trac est beaucoup moins perceptible que vous ne le croyez. Maîtrisé, il peut même contribuer à une bonne performance.

MODULE 4.1

DÉFINIR LE TRAC

4.1.1 Parler en public, un facteur de stress
4.1.2 Trac et phobie
4.1.3 Les manifestations du trac

Section 4.1.1
Parler en public, un facteur de stress

En 1936, Hans Selye, endocrinologue et chercheur canadien d'origine austro-hongroise, publie le fruit de ses recherches sur ce qu'il appelle alors le syndrome général d'adaptation. Le jeune homme n'a que 29 ans, mais vient de faire une des découvertes majeures du 20e siècle, qui lui apportera la notoriété internationale. Il donnera bientôt à ce syndrome le nom de « stress ».

Professeur honoraire, il fonde l'Institut de médecine et chirurgie expérimentale (IMCE) à l'Université de Montréal où il travaille de 1945 à 1976.

Hans Selye est reconnu mondialement comme le « père » du stress qu'il qualifie comme étant un dispositif de vigilance salvatrice (stress positif) qui devient dommageable lorsque la demande faite à l'individu dépasse sa capacité d'y faire face (stress négatif).

Cette photographie du professeur Selye a fait la page couverture de son livre *Stress sans détresse* publié aux Éditions La Presse en 1974. Cette photographie est l'œuvre du célèbre photographe canadien Yusuf Karsh.

Ce n'est que vers la fin des années 1950, après de grandes recherches en laboratoire, qu'Hans Selye considère les aspects psycho-émotionnels comme étant des facteurs de stress; avant cela, seuls les facteurs physiques et biologiques étaient pris en compte. La peur de parler en public fait partie de ces facteurs psycho-émotionnels.

LES FACTEURS DE STRESS	
PHYSIQUES	• Fatigue • Bruit • Maladie
PSYCHO-ÉMOTIONNELS	• Divorce • Mariage • Conciliation travail/famille • Épuisement professionnel • **Parler en public**
BIOLOGIQUES	• Excès de café • Excès de sucre

SECTION 4.1.2
TRAC ET PHOBIE

Contrairement à la phobie qui est une peur excessive dont l'intensité peut être invalidante, **le trac est un sentiment d'appréhension irraisonnée avant d'affronter le public**. Sachant cette épreuve de courte durée, le trac peut être surmonté.

Pourquoi ne pas se dire :

> « *Dans 20 minutes, ma présentation du projet ABC au conseil de direction sera terminée. Je dois trouver les moyens de contrôler mon anxiété passagère, et faire en sorte que ma performance soit à la hauteur des attentes des membres de mon équipe, de la direction et de ma propre estime.* »

TRAC ET PHOBIE

- Le trac se maîtrise
- Le trac s'atténue
- Le trac se dissimule
- La phobie paralyse

SECTION 4.1.3
LES MANIFESTATIONS DU TRAC

EXERCICE : LES MANIFESTATIONS PHYSIQUES DU TRAC

Cocher vos manifestations physiques	
1. J'ai mal à la tête	☐
2. J'ai la voix chevrotante	☐
3. J'ai la bouche sèche	☐
4. Je sens le besoin de tousser	☐
5. J'ai le torticolis	☐
6. J'ai le cœur qui bat	☐
7. Je rougis	☐
8. Je respire difficilement	☐
9. Je transpire de façon excessive	☐
10. J'ai les jambes qui tremblent	☐
11. Autre : _____	☐
12. Autre : _____	☐
13. Autre : _____	☐

EXERCICE : LES MANIFESTATIONS INTELLECTUELLES ET COMPORTEMENTALES DU TRAC

Cocher vos manifestations intellectuelles et comportementales	
1. J'ai du mal à me concentrer	☐
2. J'ai des trous de mémoire	☐
3. Mon sens critique s'amenuise	☐
4. Je bois plus de café qu'à l'habitude	☐
5. Mon sommeil est perturbé	☐
6. Je corrige mon texte sans arrêt	☐
7. Autre : _____	☐
8. Autre : _____	☐
9. Autre : _____	☐

MODULE 4.2

MAÎTRISER LE TRAC

4.2.1   La préparation
4.2.2   La répétition
4.2.3   La visualisation positive

Section 4.2.1
La préparation

BIEN SE PRÉPARER POUR SE DONNER CONFIANCE

La meilleure façon de faire échec au trac est d'avoir la conviction que notre préparation est sans faille. Pour cela, il faut avoir accompli certaines tâches essentielles. Voici ce qui vous servira d'aide-mémoire :

1. Je me suis informé du mieux que j'ai pu sur l'auditoire.

2. J'ai vérifié plus d'une fois les données que j'avance. Elles ne comportent pas d'erreur.

3. J'ai noté l'essentiel sous forme d'aide-mémoire.

4. Pour faire bonne impression dès le début et à la fin de ma présentation, j'ai rédigé en détail mon introduction et ma conclusion pour être bien en mesure de me *les mettre en bouche.* Je les ai répétées à haute voix à plusieurs reprises avec cœur et avec de belles intonations, remplies d'assurance.

5. J'ai prévu la mise en scène et mes vêtements.

L'AIDE-MÉMOIRE

> Noter l'essentiel du contenu sous forme d'aide-mémoire

Même si une présentation professionnelle devrait s'effectuer sans note, certaines personnes préfèrent avoir quelques outils pouvant leur servir d'appui en cas d'imprévu.

Voici quelques suggestions :

- Les fiches cartonnées
- La copie imprimée du diaporama
- Le canevas minute

Les notes sur fiches cartonnées (mots-clés, termes techniques, nom d'entreprise, résultat financier, etc.) doivent être numérotées pour éviter toute confusion.

La copie imprimée du diaporama (6 ou 9 diapositives par page), permet de suivre votre déroulement en survol. Évitez la copie de chaque diapositive avec commentaires détaillés en bas de page, ceci peut vous inciter à lire le texte mot à mot vous faisant perdre contact avec votre auditoire et vous privant d'une vue d'ensemble de votre propos.

Si votre but est de vendre une idée, le canevas minute (voir chapitre 2) est indispensable.

PRÉVOIR LA MISE EN SCÈNE

- Une bonne reconnaissance des lieux
- Des tables placées de manière stratégique
- Le matériel audiovisuel en bon état de marche
- Un lutrin où appuyer son texte
- Des documents numérotés écrits gros avec un code de couleur au besoin

L'idéal est de connaître le lieu de la présentation. Si vous ne pouvez pas le visiter avant l'événement, demandez qu'on vous envoie une photo de la salle et de la disposition du mobilier (tables, chaises, écrans, microphones, écrans témoins, etc.). Une image vaut mille mots.

Désirez-vous que les tables et les chaises soient placées d'une manière particulière? Aimeriez-vous être situé devant le décideur du groupe auquel vous vous adressez? Demandez qu'on dispose les lieux comme il vous conviendra le mieux.

Il faut aussi vous assurer que le matériel est en bon état de marche et que vous disposerez d'un lutrin au besoin. Sinon, faites-en la demande et vérifiez aussi le choix des microphones (au lutrin, ou micros-sticks, ou micros-cravates, ou micros-casques) pour l'amplification de votre voix et aussi pour la captation et diffusion, selon les ententes conclues avec les organisateurs de l'événement auquel vous participez.

Au lutrin, on se tient droit, les mains posées légèrement sur le bas de la tablette inclinée. Le corps reste immobile la plupart du temps, sans rigidité. On évite les jambes croisées ou les mouvements de pied nerveux, surtout derrière un lutrin transparent.

Si vous présentez un diaporama, il vous faut soit un ordinateur portable près de vous, soit un écran témoin orienté vers vous pour que vous n'ayez pas à vous détourner de l'auditoire pour suivre le déroulement.

La copie imprimée de votre texte devrait être écrite en gros caractères, avec interlignes à 1,5 ou double interlignes, ponctuée de signes indiquant les pauses, les intonations, les regards vers l'auditoire, ou les sourires. Voici un truc très personnel que je partage avec vous. Dans les circonstances plus protocolaires où je veux être certaine de m'arrêter, de prendre le temps de compter jusqu'à 3 et de sourire à l'auditoire, j'insère un repère à cet effet dans mon texte : une double barre (//) suivie d'une binette souriante fait très bien l'affaire.

Section 4.2.2
La répétition

> Dans les jours qui précèdent la présentation,
> il est sage de répéter à haute voix.

QUELQUES CONSEILS

- Insérer au texte des codes de ponctuation pour moduler la voix

- Prévoir des silences stratégiques

- Assouplir sa bouche avec différents exercices

- S'enregistrer et regarder le résultat pour s'améliorer (téléphone intelligent, ordinateur, caméscope, appareil photo-vidéo, etc.)

- Répéter devant un collègue ou un proche

- Mémoriser l'introduction et la conclusion si possible

Section 4.2.3
La visualisation positive

Faire de la visualisation positive

- Faire échec aux images négatives
- Voir le trac comme une poussée d'adrénaline qui canalise la performance

Quelques conseils

- S'imaginer au tout début du discours, respirant profondément, jambes solides au sol. Dos droit, regard plongé vers l'auditoire. Vous souriez !
- S'imaginer à un moment précis du discours, maître de soi, respiration calme. Chaque mot prend sa valeur et porte le message prévu avec clarté. Vous souriez !
- S'imaginer dans la salle, le discours terminé, devant un auditoire souriant, conquis, qui applaudit chaleureusement. Vous souriez !
- S'imaginer accueillant les questions avec assurance et y répondant avec sérénité, pertinence et plaisir. Vous souriez !

MODULE 4.3

ATTÉNUER LE TRAC

4.3.1 Avant d'entrer en scène
4.3.2 En coulisse
4.3.3 L'imprévu

Section 4.3.1
Avant d'entrer en scène

QUELQUES CONSEILS

Dans les heures avant d'entrer en scène, éviter de :

- Manger des plats huileux et crémeux
- Boire du café ou de l'alcool; préférer de l'eau citronnée
- Prendre un nouveau médicament
- Porter des vêtements ou chaussures mal ajustés
- Faire des changements impulsifs au discours

Pour garder votre bouche dégagée et souple, mieux vaut éviter les plats à l'huile (vinaigrettes ou sauces) qui peuvent engluer la cavité buccale, et ne pas boire d'alcool avant de parler en public. S'il n'est pas possible de se laver les dents, éviter le café qui se fixe à l'émail des dents et épaissit la langue. Préférez un peu d'eau citronnée avec son apport en vitamine C.

Il faut également s'abstenir de porter des vêtements trop serrés ou des chaussures neuves; optez plutôt pour une tenue qui vous avantage, dans laquelle vous vous sentez bien et maître de la situation.

Même si le présentateur avant vous a été chaudement applaudi en utilisant une approche très différente de la vôtre, il faut à tout prix résister à la tentation de changer votre texte à la dernière minute pour vous conformer à son style; vous risquez des erreurs et donc, de mal paraître.

SECTION 4.3.2
EN COULISSE

- Respirer
- Boire de l'eau
- Se détendre le corps
- Le truc de l'élastique
- Le truc du sel de mer

Vous êtes dans les coulisses et le cœur bat à plein régime. Prenez une grande respiration par le nez, gardez-la 2 ou 3 secondes, puis expirer par la bouche. En respirant de cette façon vous permettez à l'oxygène de bien circuler et de se rendre au cerveau : c'est excellent pour éviter les trous de mémoire. À l'abri des regards, prenez une gorgée d'eau et faites passer cette eau devant vos dents, vous verrez combien vos lèvres vont bouger rapidement et librement pour une meilleure prononciation. Essayez, vous verrez!

À l'abri des regards toujours, bougez vos mains, vos bras et vos pieds pour éviter que les muscles deviennent rigides et vous donnent un air crispé. Bougez aussi le cou et les épaules pour apaiser le larynx qui a tendance à se figer sous le stress, les cordes vocales sont au centre du larynx vers la pomme d'Adam. De faux bâillements détendent les muscles du visage.

Si l'anxiété devient intense et que vous n'arrivez plus à détacher votre pensée de la peur de parler devant un groupe, tirer légèrement sur un élastique que vous aurez pris le soin de dissimuler discrètement à votre poignet. En psychologie, on dit que la micro douleur provoquée par le pincement force le cerveau à ne plus penser à votre peur de parler en public, mais l'oblige à calmer la sensation physique que le pincement a provoquée... les personnes que je connais qui ont essayé ce truc sont unanimes à dire qu'il fonctionne.

Enfin, si vous avez l'habitude d'avoir la bouche sèche, quelques grains de sel de mer, trente minutes avant votre discours, vous aideront à garder votre bouche hydratée et faciliteront l'élocution.

Le trac est à son maximum cinq minutes avant la présentation. Dès que la présentation est commencée, il diminue d'un coup car le discours monopolise le cerveau ne laissant plus le temps à l'orateur de se préoccuper de sa peur de parler en public.

Section 4.3.3
L'imprévu

Arrive bientôt votre tour pour prendre la parole et voici que le maître de cérémonie vient vers vous : « *Nous avons accumulé beaucoup de retard et je dois malheureusement vous demander de réduire votre temps de parole. Des 40 minutes prévues au départ, nous vous demandons de réduire votre présentation à 20 minutes, nous sommes désolés de ce contretemps* ».

1. On respire par le nez, lentement.
2. On regarde son plan et on préserve les grandes idées qui formaient le squelette de la présentation.
3. On élimine le superflu sous chacune des grandes idées.
4. On enlève les exemples et les histoires trop longues à raconter.
5. On supprime les détails.
6. Si vous avez le temps avant de prendre la parole et que vous êtes habile avec le logiciel de votre présentation visuelle, vous pourriez supprimer quelques diapositives. À tout le moins, vérifiez quelles diapositives devront être projetées rapidement pour correspondre à la version réduite de l'exposé.
7. Pour les autres, pour ceux qui aiment tout prévoir, je recommande de préparer 2 versions de votre diaporama : une version originale et une version allégée qui garde uniquement l'essentiel de votre exposé.

Quelques conseils

- Ne jamais couper dans l'essentiel
- Éliminer les exemples superflus
- Éviter les redondances

MODULE 4.4

DISSIMULER LE TRAC

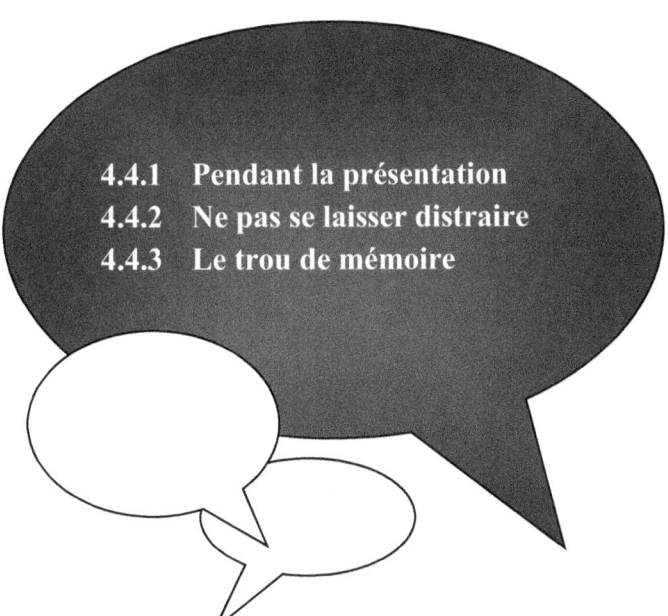

4.4.1 Pendant la présentation
4.4.2 Ne pas se laisser distraire
4.4.3 Le trou de mémoire

Section 4.4.1
Pendant la présentation

Avant de prononcer votre premier mot, prenez le temps de compter mentalement jusqu'à 5 en souriant à l'auditoire et en prenant une profonde respiration. Vous commencerez donc à parler dans une expiration forte et cela fera porter votre voix plus loin.

Ne vous précipitez pas. Les 30 premières secondes sont les plus difficiles à parcourir; après, tout devient plus facile. Et puis, comme vous avez souvent répété votre introduction, c'est avec assurance que vous vous lancez!

Si vous vous surprenez à faire des euh... ou à parler avec précipitation, arrêtez-vous, levez la tête vers l'auditoire, respirez en comptant jusqu'à 3 et repartez. La voix est plus sûre après un arrêt, même très bref.

QUELQUES CONSEILS

- Compter 5 secondes en souriant à l'auditoire
- Parler lentement en livrant l'introduction
- Continuer à respirer lentement et profondément
- Projeter la voix vers les personnes du dernier rang
- Faire des silences
- Sourire

SECTION 4.4.2
NE PAS SE LAISSER DISTRAIRE

Tout auditoire comporte sa part de personnes moins intéressées, que ce soit à cause de l'exposé, de la manière dont l'orateur se tient ou parle, ou à cause de la présentation visuelle critiquable, il y aura toujours des insatisfaits. C'est normal. Il est impossible de plaire à tous également.

LES SOURCES DE DISTRACTION	
LE DESSINATEUR	Il peut être un auditif très intéressé à ce que vous dites et le fait de dessiner aide sa concentration
LE BOURRU	Vous ressemblez peut-être à quelqu'un avec qui il est en conflit
LE SOURIANT QUI HOCHE DE LA TÊTE	Il peut être utile, même s'il mime l'écoute

QUELQUES CONSEILS

- Lorsque vous parlez, cherchez du regard le souriant qui hoche la tête avec bienveillance, sa présence est réconfortante et vous fera oublier le bourru ou le dessinateur.

- Évitez absolument de regarder les personnes qui vous distraient. Elles ne vous sont d'aucune aide. Pire, pour leur plaire, vous voudrez changer votre texte ou vous éloigner de votre plan d'origine. Non seulement vous ne réussirez pas à les reconquérir, mais vous risquez même de perdre le reste de l'auditoire qui jusque-là appréciait votre exposé.

Section 4.4.3
Le trou de mémoire

> Tout à coup, au milieu d'une phrase, c'est le trou!
> Pas de panique!

Perdre le cours de son idée, avoir un trou de mémoire ou chercher le prochain mot peut arriver aux meilleurs orateurs. Heureusement, il y a quelques astuces pour se tirer de ce mauvais pas.

QUELQUES CONSEILS

- Remplacer le mot cherché par un synonyme
- Demander à l'auditoire le mot de remplacement
- Reprendre l'idée du début et enchaîner : « En d'autres mots… »
- Jeter un coup d'œil à ses notes, relever la tête, inspirer et sourire à l'auditoire, avant de poursuivre

POUR APPROFONDIR LE SUJET

J.A. Gamache est le seul Québécois à avoir remporté un podium (2001) au Championnat du monde des orateurs Toastmasters International et il a été un des 10 finalistes à ce même concours en 2005 et 2007. Son livre à succès, *Trac pas trac, j'y vais! 77 trucs pour en finir avec la peur de parler en public* est un ouvrage utile pour toute personne désireuse de s'informer davantage sur les manières de gérer son trac.

NOTES

NOTES

CHAPITRE 5

CRÉER LES
SUPPORTS VISUELS

5.1 Les supports traditionnels
5.2 Le diaporama électronique
5.3 Ce qui est tendance

L'image fait appel à l'hémisphère droit du cerveau, celui de la créativité, des émotions et de la relation entre les éléments.

Le texte fait appel à l'hémisphère gauche, celui de la logique et du raisonnement.

La **poLice** de caractères, la taille des caractères, les *italiques*, les souslignés, les **gras** et la couleur appartiennent au cerveau droit.

> Pour qu'un support visuel soit réussi, il faut qu'il interpelle les deux hémisphères du cerveau; il appartient donc au présentateur d'accorder autant d'attention à l'un qu'à l'autre.

Le support visuel n'est pas indispensable à l'orateur qui sait comment capter l'attention de l'auditoire avec sa notoriété, son prestige et son enthousiasme. En effet, si le présentateur a bien réuni l'ETHOS, le LOGOS et le PATHOS, il pourra haut la main capter l'attention de l'auditoire avec un minimum d'aides visuelles.

Pourtant, il peut arriver que même cet expert communicateur ait envie de s'entourer d'images qui viendront appuyer son propos ou aider le spectateur à saisir plus rapidement certains aspects pointus de son exposé.
La question à se poser est : le visuel est-il une valeur ajoutée à ma présentation? Si la réponse est oui, alors le visuel sera un bon compagnon de route.

Un bon support visuel optimise la communication parce qu'il maintient l'attention de l'auditoire, l'oblige à s'intéresser au sujet, favorise la compréhension de ce qui est expliqué et aide à la mémorisation. Les aides visuelles soignées projettent une image professionnelle. Elles se succèdent avec cohérence, elles sont persuasives et maintiennent l'intérêt. Avec des aides visuelles de qualité, le présentateur se sent plus facilement en contrôle, il a sous la main un aide-mémoire facile à suivre et à modifier.

MODULE 5.1

LES SUPPORTS TRADITIONNELS

5.1.1 Le tableau blanc, noir ou vert
5.1.2 Le tableau multifeuilles

Section 5.1.1
Le tableau blanc, noir ou vert

LE TABLEAU BLANC, NOIR OU VERT	
AVANTAGES	**INCONVÉNIENTS**
■ Noter les idées maîtresses (texte ou dessins) ■ Recueillir les idées des participants	■ Risque de perte de données une fois effacé ■ Impossibilité d'écrire une chose à l'avance sans qu'elle soit vue

POUR UNE UTILISATION EFFICACE DE CE TABLEAU
Écrire en caractères lisibles (3 à 4 cm)
Ne pas surcharger
Ne pas parler en écrivant
Dégager la vue du tableau une fois rempli
Effacer au fur et à mesure (garder propre)

Créer les supports visuels

SECTION 5.1.2
LE TABLEAU MULTIFEUILLES

LE TABLEAU MULTIFEUILLES (SOUVENT APPELÉ *FLIP CHART* OU *PAPER BOARD*)	
AVANTAGES	**INCONVÉNIENTS**
■ Noter les idées maîtresses ■ Recueillir les idées des participants ■ Conserver les feuilles pour les consulter au besoin	■ Ne peut s'effacer ■ Faire dos à l'auditoire en écrivant

POUR UNE UTILISATION EFFICACE DE CE TABLEAU
Vérifier la qualité des marqueurs
Écrire en caractères lisibles (3 à 4 cm)
Se placer à côté du tableau
Écrire à l'avance certains messages
Ne pas parler en écrivant
Éviter de tourner les feuilles bruyamment

MODULE 5.2

LE DIAPORAMA ÉLECTRONIQUE

5.2.1 Un outil attrayant et efficace
5.2.2 Le contenu
5.2.3 Le contenant
5.2.4 Les petits secrets qui font la différence

SECTION 5.2.1
UN OUTIL ATTRAYANT ET EFFICACE

LE DIAPORAMA ÉLECTRONIQUE (*LE POWERPOINT*)	
AVANTAGES	**INCONVÉNIENT**
■ Maintenir la communication avec l'auditoire ■ Rehausser l'image du présentateur ■ Servir d'aide-mémoire ■ Réutilisable ■ Modifiable	■ En abuser peut ennuyer ou distraire

SECTION 5.2.2
LE CONTENU

Il faut apporter une attention particulière à la diapositive titre qui est souvent la première prise de contact de vos auditeurs avec votre sujet. Cette diapositive doit être sobre, soignée, et rappeler le titre de la présentation, votre nom, celle de votre entreprise, le lieu et la date.

La deuxième diapositive est celle des objectifs, suivie du plan. Ensuite viendront les diapositives du développement et celles de la conclusion.

Certains ajoutent à la toute fin, une diapositive avec un point d'interrogation pour signaler qu'ils sont prêts à répondre aux questions. Cette dernière diapositive est superflue, vous pourriez tout aussi bien répondre aux questions en ayant en arrière-plan le mot de la fin souvent plus dynamique et attrayant. Évitez également de terminer avec une diapositive qui dit MERCI, choisissez plutôt de vous en tenir à une image qui résume bien votre exposé et remerciez votre public de vive voix. Cela est moins conventionnel et plus percutant.

Diapositives d'introduction

- Diapositive titre
- Liste des objectifs
- Le plan de la présentation

Diapositives du développement

- _____
- _____
- _____
- _____

Diapositives de conclusion

- Résumé des éléments à retenir
- Mot de la fin

SECTION 5.2.3
LE CONTENANT

Quand on conçoit un diaporama, il faut choisir un fond d'écran (couleur, texture, cadrage, etc.), penser au texte (police de caractères, taille, etc.) et aux données qu'on veut y insérer (photos, illustrations, graphiques, etc.), et se demander si le son et la vidéo sont utiles dans le contexte de la présentation.

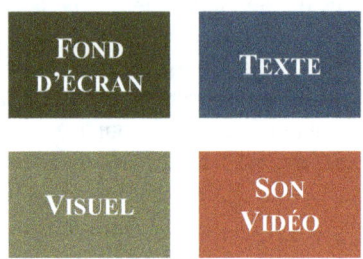

La plupart des entreprises imposent un fond d'écran et une matrice de disposition du texte que le personnel doit utiliser pour structurer et créer ses diaporamas. Qu'importe le type de fond d'écran proposé, certains laissent au présentateur une plus grande marge de manœuvre sur le choix des polices de caractères, la couleur des puces, la possibilité d'insérer des images ou non. Mais même avec un fond imposé, on peut créer un beau document, aéré et explicite.

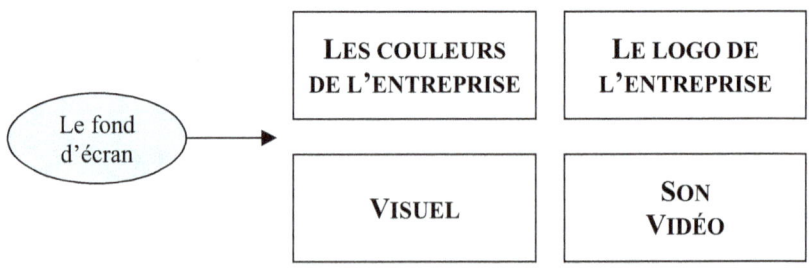

LE MODÈLE DE CONCEPTION, FOND D'ÉCRAN OU *TEMPLATE*

- Éviter les modèles classiques
- Rechercher sur le Web *Free PowerPoint Template*
- Se conformer aux normes de votre entreprise

Il est possible d'aller sur internet et de trouver facilement des fonds d'écran gratuits classés par thème, métier ou profession. Peut-être trouverez-vous la perle rare qui réjouira votre auditoire. À éviter toutefois, les modèles gratuits du logiciel PowerPoint de Microsoft, on les a trop vus.

Attention aux excès de créativité! Comme le dit Jean-Marc Aimonetti, auteur de *Comment ne pas endormir son auditoire en 30 secondes : La communication orale avec diaporama,* le fond d'écran doit mettre le message en valeur, pas le noyer.

FOND D'ÉCRAN CLAIR OU FONCÉ ?

Le fond d'écran peut être clair ou foncé. Si vous choisissez clair, optez pour un fond blanc ou jaune pâle, si vous préférez foncé, c'est le bleu outremer qui a la cote, suivi du violet. On pourra toujours utiliser un fond d'écran noir pour créer des effets spéciaux.

Comment choisir? Le choix repose sur :

- La qualité de votre projecteur et l'éclairage de la salle durant la projection. Si la pièce reste très éclairée et que le projecteur est moyen de gamme, on préférera un fond foncé pour éviter que les couleurs soient affadies par les nombreuses sources lumineuses.
- La quantité d'images insérées dans le diaporama. Si on les combine à un fond bleu ou violet, il y aura surcharge de couleur. Choisissez alors un fond blanc ou clair.

CHOISIR DES COULEURS CONTRASTANTES

Le cercle chromatique est un bon outil pour regarder et évaluer les couleurs. Il y a des couleurs froides et des couleurs chaudes, il y a les couleurs primaires comme le rouge, le jaune et le bleu et les couleurs secondaires comme l'orange (mélange du rouge avec le jaune) et le vert (mélange du jaune avec le bleu).

Pour votre diaporama, les contrastes sont de bons choix. Exemple : *Si le fond d'écran est bleu-outremer ou violet, le texte peut être écrit en blanc, en jaune, en bleu pâle et même, en vert fluorescent.*

Si le fond d'écran est blanc, la valeur sûre reste le noir avec des touches de rouge, de bleu ou de vert. Pour un fond jaune beurre, le gris foncé ou le bleu marine seraient aussi de bons choix.

LA SIGNIFICATION DES COULEURS EN OCCIDENT

Le choix de la couleur est important, car il crée l'ambiance dans laquelle le spectateur se trouvera en regardant le diaporama. Par exemple, si vous parlez d'un match de hockey ou des Olympiques d'hiver, et que le fond d'écran ou la couleur dominante est le jaune, quelque chose ne va pas; le jaune, tout comme le rouge et l'orange, est associé aux couleurs chaudes. Le hockey sur glace serait mieux représenté par des couleurs froides comme le bleu, le gris léger ou le lilas, bref des couleurs qui font penser au froid.

Couleur	Significations
Noir	Élégance – rigueur – mystère – deuil
Bleu	Loyauté – sérénité – vérité – mélancolie
Brun	Nature – douceur – neutralité
Vert	Espérance – chance – environnement – échec
Rouge	Amour – sensualité – colère – danger
Orange	Créativité – joie – optimisme
Violet	Paix – méditation – délicatesse – solitude
Blanc	Pureté – innocence – sainteté
Jaune	Joie – fête – dynamisme – traîtrise

TOUTES LES COULEURS NE SONT PAS BELLES À VOIR…
EN MÊME TEMPS

Certains agencements de couleur paraissent jolis à l'écran d'ordinateur mais deviennent indigestes sur grand écran, vaut mieux être prudent.

S'il y a des personnes daltoniennes dans la salle, elles verront votre champ de fraises vert et rouge en… gris et kaki. Le degré de daltonisme variant d'une personne à l'autre, il est difficile de suggérer des combinaisons de couleurs qui s'adapteraient parfaitement à leur vision.

Éviter certaines combinaisons :

- Rouge et vert
- Rouge et violet
- Brun et vert
- Bleu foncé et noir
- Bleu et violet

CERTAINES COULEURS ONT LE VENT DANS LES VOILES

Pour un graphique à présenter à un jeune public par exemple, vous voudrez substituer le rose fluorescent, le bleu turquoise, le jaune citron et le vert limette aux traditionnels rouge, bleu roi, jaune canari et vert forêt. Les données ainsi colorées rejoindront mieux votre auditoire!

- Bleu pour les présentations en gestion
- Orange de nouveau à la mode
- Rose, vert et mauve associées à la jeunesse

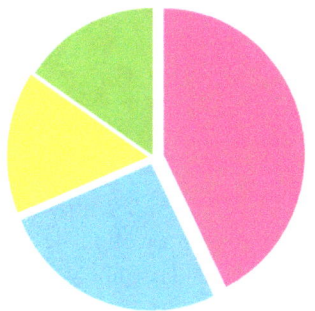
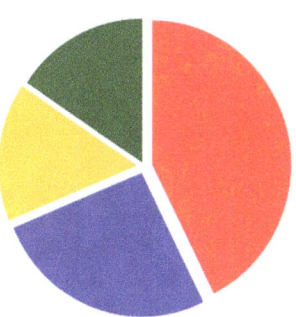

LES POLICES DE CARACTÈRES

La police de caractères utilisée pour un livre, un magazine ou un journal est une police de caractères avec empattement; les empattements sont les traits qui finissent le jambage des lettres. Un texte écrit avec ce type de police gagne en visibilité parce qu'il facilite la reconnaissance des mots. En effet, le cerveau ne lit pas les lettres une à une, mais le mot comme un tout. Ainsi, les polices de caractères avec empattement sont surtout utilisées pour les longs textes.

- Avec empattement : **LUC**
- Sans empattement : **LUC**

Comme une diapositive contient généralement peu de mots, il est préférable d'utiliser une police sans empattement. D'ailleurs, Dave Paradi, auteur de *The Visual Slide Revolution*, explique qu'un texte projeté à l'écran ayant une résolution beaucoup plus basse qu'un texte imprimé, les lettres avec empattement y sont plus difficiles à déchiffrer. La lecture devient difficile.

Ce spécialiste de la présentation visuelle suggère les polices sans empattement **ARIAL** et **CALIBRI**, et l'utilisation exceptionnelle d'une police avec empattement comme Times New Roman, en gros caractères, pour une citation contrastée.

LA TAILLE DES CARACTÈRES

Ce qui est lisible à 1 mètre de votre écran d'ordinateur sera bien vu par l'auditoire jusqu'à une distance de 8 fois la hauteur de l'écran de projection.

Hauteur de l'écran

Distance maximale entre l'auditoire et l'écran

Si vous ignorez la hauteur de votre écran de projection pour faire ce calcul, je suggère 36 à 44 points comme taille de caractères dans les titres et 24 à 32 pour le corps du texte. Le nouveau standard de projection, le format 16:9 (rectangle de 16 unités de large et 9 unités de haut) remplace l'ancien format 5:4 plus carré. En 16:9, vous aurez moins d'espace en hauteur et plus d'espace en longueur, cela réduit la quantité de lignes que l'on peut mettre, mais augmente la quantité de mots par ligne.

Attirer l'attention sur le texte

- Utiliser des caractères **gras**
- Utiliser des caractères *italiques*
- Changer la couleur du texte
- Souligner le passage important
- Insérer le texte dans une boîte

Insérer des photos

- Consulter les banques d'images gratuites de Microsoft
- Respecter les droits d'auteur
- Utiliser ses propres photos
- S'assurer d'une résolution maximale de 1 024 x 768 pixels

Pourquoi utiliser des tableaux et des graphiques ?

- Pour trier dans une abondance de données
- Pour éviter les relevés indigestes (Excel)
- Pour soutenir un exposé argumentatif
- Parce qu'une image vaut 1 000 chiffres

Pour approfondir le sujet

Dave Paradi, auteur de *102 Tips to Communicate More Effectively Using PowerPoint*, et de *The Visual Slide Revolution*, classé au Top 10 des *Business Books of 2008* par *The Globe and Mail* de Toronto, anime des ateliers et des webinaires sur les meilleures façons de concevoir et d'éditer des diaporamas. Ses idées sont citées dans plusieurs publications à travers le monde. On peut consulter son site Web et s'abonner à sa *NewsLetter* http://www.thinkoutsidetheslide.com.

LES TABLEAUX ET GRAPHIQUES

« Lorsque je ne vois pas, je ne comprends pas »

Albert Einstein

LES TABLEAUX

Avant de choisir entre le tableau, le graphique ou l'absence d'illustration, il faut se demander si la nature du message que l'on veut faire passer exige une représentation visuelle des données.

Le tableau est un excellent outil pour présenter un ensemble de données. On recommande de montrer d'abord le tableau vide avant de le compléter avec les données chiffrées. Ceci permet à l'auditoire de saisir plus rapidement les éléments qui sont comparés.

	UdeM	HEC	Poly
Clientèle			
Professeurs			
Employés			

	UdeM	HEC	Poly
Clientèle	30000	10000	7000
Professeurs	2400	170	200
Employés	1300	450	650

Données fictives

ANIMATION, TRANSITION ET VIDÉO

ANIMATION	L'animation est le mouvement qu'on peut donner aux segments de diapositive (mot, chiffre, image, graphique, etc.) quand on les fait apparaître.	Rester sobre dans le choix des animations
TRANSITION	La transition est le mouvement choisi pour le passage d'une diapositive à l'autre (effet de store vertical, ou horizontal, ou apparition en mosaïque, etc.).	Choisir la touche aléatoire
VIDÉO	Un conseil sur l'usage des vidéos : vous assurer de leur apparition facile sur commande au moment voulu de votre présentation.	La technologie rend la diffusion de vidéos possible, il faut cependant interroger sa pertinence et son utilité dans le cadre de votre présentation.

Créer les supports visuels

SECTION 5.2.4
LES PETITS SECRETS QUI FONT LA DIFFÉRENCE

LES DIAPOSITIVES

L'important est que votre diapositive traduise votre message le plus efficacement possible. La diapositive qui n'est composée que de texte est utile au présentateur comme aide-mémoire, mais n'aide pas nécessairement l'auditoire à mieux saisir la portée du message. Le support visuel doit être visuel!

On me demande souvent combien de diapositives on peut utiliser dans une présentation. Idéalement, pas plus d'une diapositive par minute à moins de vouloir créer un effet spécial et de présenter en rafale des diapositives sur lesquelles il n'y a que des images.

Le contenu de la diapositive doit pouvoir être compris en 7 secondes. Au-delà de ce délai, l'auditoire choisit soit d'approfondir ce qu'il voit sur la diapositive, soit de s'en détacher pour vous écouter. À chaque nouvelle entrée d'information sur la diapositive, ce mécanisme recommence.

Quant aux puces qui précèdent vos énumérations, les carrés et les ronds pleins sont les plus attrayants.

- Une diapositive par idée
- Une diapositive par minute
- Règle des 7 secondes
- Puces avec ronds ou carrés
- Pagination des diapositives
- Une diapositive ne devrait pas contenir plus de 50 mots

LES ZONES

- Zone de titre composée de 6 à 8 mots
- Zone de données :
    - 6 à 8 mots par ligne
    - 6 ou 7 lignes maximum

LA PONCTUATION

Il n'y a pas de ponctuation sur une diapositive sauf :

- si le sens peut être compromis par l'absence de virgules ou de points
- si vous citez quelqu'un
- si vous insérez un texte déjà ponctué

LA PAGINATION

La pagination des diapositives sert de repère à l'auditeur et au présentateur. La personne qui s'absente quelques instants pourra retrouver rapidement le fil de votre présentation, à son retour dans la salle.

Si vous ne souhaitez pas que la pagination soit vue par le public, Dave Paradi propose d'inscrire le numéro de page d'une couleur proche du fond d'écran (chiffres jaunes sur fond blanc par exemple), de manière à ce qu'il soit vu seulement par vous.

DISTRIBUTION D'UN SUPPORT ÉCRIT

- Copie du diaporama
- Résumé sous forme de texte
  - avec remerciements
  - avec références bibliographiques
- Quelques graphiques

Faut-il distribuer un support écrit à son auditoire (copie du diaporama, copie du texte dit, etc.) ? Jean-Marc Aimonetti suggère de ne pas distribuer un support trop riche ni trop complet. D'une part, parce qu'il risque de ne pas être lu. D'autre part, parce que des données novatrices peuvent être plagiées ou tout simplement « déflorées » avant publication. On perçoit ici les craintes du scientifique de haut niveau.

Avec son approche nord-américaine, Dave Paradi encourage la distribution de la copie papier du diaporama, elle rassure l'auditoire et lui permet d'être plus attentif au message du présentateur.

Si vous choisissez de distribuer la copie papier de votre exposé, vous pouvez imprimer 2, 3 ou 4 diapositives par page. Il est conseillé de noter sur chaque page :

- le titre de votre présentation en haut à gauche
- votre adresse courriel ou votre site Web en haut à droite
- un copyright en bas à gauche
- un numéro de page en bas à droite

On peut décider d'exclure certaines diapositives de la copie imprimée pour un effet de surprise, quand une touche d'humour est prévue, ou pour garder la primeur d'une donnée sensible.

LES DERNIÈRES SUGGESTIONS

À tout moment, on peut vouloir ramener l'attention de l'auditoire vers soi en supprimant l'image PowerPoint derrière soi. Rien de plus facile : appuyez sur la touche N (pour « Noir ») de votre clavier si votre système d'exploitation est français, ou la touche B (pour « Black »), si votre système est anglais; l'écran devient instantanément noir. Vous n'aurez qu'à appuyer de nouveau sur la touche N ou B pour que l'image réapparaisse au même point du diaporama.

Pour découvrir d'autres trucs et astuces qui faciliteront la projection, consultez le répertoire en tapant F1 quand vous êtes en mode projection.

Souvent, il y a 2 ou 3 diapositives clé qu'on aimerait faire réapparaître à la période de questions, sans être obligé de redémarrer la présentation du début. Si vous mémorisez les numéros de ces diapositives avant d'entrer en scène, vous n'aurez qu'à taper ces numéros sur le clavier et appuyer sur la touche retour, au moment voulu, pour voir apparaître la diapositive souhaitée.

Pour retourner là où vous étiez, c'est la même astuce, tapez le numéro de la diapositive que vous avez quittée, puis la touche retour et vous voilà revenu. L'important est de bien se rappeler le numéro de la diapositive que l'on quitte afin d'y revenir sans problème.

On suggère d'éditer la dernière diapositive en 3 copies. Pourquoi? Pour éviter, à la toute fin du discours, d'appuyer malencontreusement une fois de trop sur le clavier et vous retrouver hors projection du diaporama ou sur le bureau électronique de l'ordinateur. Ceci garantit l'image professionnelle que vous souhaitez projeter jusqu'à la fin.

- Noircir l'écran
- Fonction F1
- Mémoriser le No des diapositives clés
- Dernière diapositive en 3 copies

MODULE 5.3

CE QUI EST TENDANCE

5.3.1 Le Pecha Kucha
5.3.2 Le Prezi
5.3.3 La présentation scientifique sur affiche

Section 5.3.1
Le Pecha Kucha

PECHA KUCHA OU « BRUIT DE LA CONVERSATION »

En 2003, deux architectes européens, Mark Dytham et Astrid Klein, fondent leur agence à Tokyo et organisent les premières soirées Pecha Kucha qui permettent aux designers de présenter brièvement leurs projets devant public.

Une soirée Pecha Kucha est une tribune offerte aux spécialistes qui souhaitent présenter leurs idées ou leurs projets. Les soirées ont un tel succès, qu'elles se propagent de manière virale dans le monde. 538 villes, dont Montréal, ont leur soirée Pecha Kucha. L'objectif est de susciter rapidement l'intérêt : le présentateur partage sa vision et explique son processus de création. Même si le temps alloué à chaque présentateur est bref, la formule ouvre la porte aux questions et aux échanges, donc, au réseautage.

Chaque présentateur doit se soumettre à une règle stricte et un cadre rigide : il doit exposer son projet ou vendre une idée, en 6 min 40 s, juste le temps de mettre l'auditoire en appétit, de lui donner un avant-goût. Le format obligatoire est de 20 diapositives de 20 secondes chacune. Le défilement des diapositives est automatique et préréglé électroniquement.

Parler pendant 20 secondes dans un débit normal, c'est prononcer environ 40 mots. On peut s'exercer en écrivant 20 fiches d'environ 40 mots, et répéter devant son ordinateur. Le préréglage de chaque diapositive se fait en vérifiant le minutage dans le menu de déroulement Diaporama du logiciel PowerPoint.

On structure le message en QUOI, COMMENT, POURQUOI

Exemple : la hausse du pétrole
    1. Que signifie la hausse ?
    2. Comment nous affectera-t-elle ?
    3. Pourquoi faut-il se mobiliser ?

6'40''
POUR VENDRE UNE IDÉE

Chaque présentateur doit se soumettre à une règle stricte et un cadre rigide. Il doit exposer son projet ou vendre une idée, en 6 minutes 40 secondes, juste le temps de mettre l'auditoire en appétit, de lui donner un avant-goût.

Le Pecha Kucha c'est 20 diapositives composées presque exclusivement d'images : des images fixes, des animations ou des vidéos. Le spectateur doit pouvoir fusionner avec l'image pour entrer rapidement dans le sujet.

Prévoyez des silences... car réserver des moments de silence permet au spectateur de capter l'image, de la lire intérieurement et de l'interpréter. Parfois, la musique peut tenir lieu de commentaire.

Choisissez la couleur du fond d'écran en fonction des images : vous n'avez que 20 secondes, chaque fois, pour faire bonne impression. Certaines couleurs sont plus à la mode que d'autres. On écrit très peu de texte sur une diapositive Pecha Kucha, quelques mots suffisent. Privilégiez les caractères sans empattement.

Vous pouvez insérer un graphique évocateur pour symboliser, en 20 secondes, le message principal à livrer. Assurez-vous que la donnée clé soit bien en évidence. Favorisez la tarte, l'histogramme, le pictogramme, la courbe... tout... sauf une liste Excel.

Au début, le Pecha Kucha servait surtout aux artistes, aux urbanistes et aux architectes. Il déborde maintenant de ce cadre et devient une belle alternative au diaporama traditionnel. À vous de décider s'il convient à votre message et à votre milieu professionnel.

Le Pecha Kucha, c'est
- la mise en bouche d'un projet
- la démonstration d'un bel esprit de synthèse et de vulgarisation
- un encouragement à la discussion

Par contre, trop de mots ou un débit rapide indisposeront l'auditoire. 6 minutes 40 secondes, c'est vite passé!

Sans aucun visuel, l'attention est tournée vers le présentateur, ce qui peut être un atout pour la personne d'expérience. En revanche, le présentateur risque les trous de mémoire. Sans compter que les concepts scientifiques sont difficiles à expliquer en mots seulement.

Les soirées se déroulent dans des lieux qui ont obtenu un agrément. Les formats sont réglementés : projection sur écran géant, salle dans le noir, présentateur debout devant l'écran, microphone à la main. Si vous souhaitez participer à une soirée Pecha Kucha dans votre région, allez sur le site http://www.pecha-kucha.org/night/ et double-cliquez sur le nom de votre ville pour vous inscrire.

SECTION 5.3.2
LE PREZI

Prezi est un logiciel de présentation dévoilé à la conférence 2009 *The Next Web1* qui n'adopte pas la mentalité des diapositives sur l'ordinateur.

Au lieu de couper les visuels en morceaux limités par la taille d'une diapositive, le présentateur peut s'exprimer en utilisant une surface *infinie* sur laquelle il passe d'une partie à une autre avec un mécanisme de translation, de rotation et de zoom. On peut facilement insérer des images, vidéos, et toutes sortes d'informations n'importe où sur la surface de présentation.

LE PREZI	
AVANTAGES	**INCONVÉNIENTS**
▪ Présentation ultra dynamique en ligne	▪ Connexion internet souvent requise
▪ Déplacements, zooms et rotations 3D	▪ Présentations automatiquement rendues publiques, sauf exception
▪ Service gratuit en ligne et option payante	▪ Pas de correcteur automatique intégré
▪ Présentation interactive, non linéaire	▪ Impossibilité d'impression, mais téléchargeable en PDF
▪ Insertion à l'infini de textes, images, vidéos, etc.	▪ L'anglais est la langue d'utilisation

POUR UNE UTILISATION EFFICACE DU PREZI

1. Choisir la version gratuite ou la version payante selon ses besoins
2. Utiliser un très grand écran pour un maximum d'effet
3. Éviter une surutilisation des zooms avant et arrière : ça étourdit

Section 5.3.3
LA PRÉSENTATION SCIENTIFIQUE SUR AFFICHE

Lors d'un congrès scientifique, les chercheurs du monde entier s'échangent des informations de pointe. Ils ont 2 ou 3 minutes pour faire valoir l'avancée de leur projet, leur découverte, leur produit ou leur recherche, auprès de leurs collègues de l'étranger.

L'affiche est le support visuel le plus souvent utilisé dans les salles d'exposition.

L'AFFICHE SCIENTIFIQUE	
AVANTAGES	**INCONVÉNIENTS**
▪ Facile à fabriquer ▪ Se transporte aisément ▪ Réutilisable et modifiable ▪ Idéal pour une présentation devant 1 ou 2 personnes.	▪ Donne une impression de fabrication maison ▪ Les informations sont écrites en petit ▪ Impossibilité d'effectuer des changements de dernière minute

POUR UNE UTILISATION EFFICACE DE L'AFFICHE

1. Dessiner un croquis à la main
2. Déterminer le format désiré
3. Choisir le nombre de colonnes : 3, 4 ou 5
4. Placer les éléments dans les colonnes
5. Insérer des photos, graphiques ou tableaux de manière à raconter une histoire
6. Minimiser l'espace accordé au texte :
   o 20-25 % de texte
   o 40-45 % de visuel
   o 30-40 % d'espace vide
7. Utiliser les polices de caractères Arial ou Calibri
8. Écrire gros, les illustrations doivent être vues à 1,8 m
9. Utiliser la couleur pour créer des contrastes
10. Limiter le nombre de couleurs d'arrière-plan (2 ou 3) et privilégier les couleurs neutres.

EN RÉSUMÉ

LE VISUEL

- Doit être à votre service et non pas faire la présentation à votre place
- Doit aider à diffuser le message et à convaincre l'auditoire

NOTES

NOTES

BIBLIOGRAPHIE

Aimonetti, Jean-Marc; *Comment ne pas endormir son auditoire en 30 secondes : La communication orale avec diaporama*, Éditions De Boeck Université, Bruxelles 2006, 175 pages.

Bazogue, Benoît et Dell'Aniello, Paul; *Présentations d'affaires percutantes*, Guérin, éditeur ltée. Montréal, 2001, 121 pages.

Bellenger, Lionel; *L'expression orale*, ESF éditeur, coll. Formation permanente en sciences humaines, France, 2009, 101 pages.

Carnegie, Dale; *Comment parler en public*, Éditions Hachette, coll. Livre de poche, Paris 1990, 248 pages.

Furet, Yves et Peltant, Sara; *Savoir parler en toutes circonstances*, Éditions Retz, Paris, 1996, 255 pages.

Gaulet, Laurent; *Achille le chien, + de 160 nouvelles phrases pour s'amuser à bien ar-ti-cu-ler*, Éditions Générales First, Paris 2006. 157 pages.

Goman, Carol Kinsey; *The Nonverbal Advantage, Secrets and Science of Body Language at Work*, Berrett-Koechler Publishers Inc., San Francisco, 2008, 202 pages.

Greene, Richard; *The 5 Communication Secrets That Swept Obama To The Presidency*, Vidéo Futura Pictures, Inc. 2009.

Martin, Jean-Claude; *Le guide de la communication*, éditions Marabout, Italie, 2000, 343 pages.

Messinger, Joseph; *Le décodeur gestuel, les gestes du quotidien décryptés*, Éditions Générales First, Paris, 2006, 166 pages.

O'reilly, Maire; *Communiquer avec son auditoire*, Les Éditions d'Organisation, Paris, 1989, 118 pages.

Paradi, Dave; *102 Tips to Communicate More Effectively Using PowerPoint*, Communications Skills Press, Canada et États-Unis, 2010, 168 pages.

Paradi, Dave; *The Visual Slide Revolution, Transforming Overloaded Text Slides Into Persuasive Presentations,* Communications Skills Press, Canada et États-Unis, 2008, 151 pages.

Paradi, Dave; *Think Outside The Slide PowerPoint How To Webinar Recording*, CD-ROM 2010.

Prescott, Édith; *Parler en public*, Les Éditions Transcontinental, Collection Entreprendre, Montréal 2002, 195 pages.

ANNEXE I
CORRIGÉ DE L'EXERCICE : QU'EN PENSEZ-VOUS

		OPINION DE L'AUTEUR
1. Plus on connaît son sujet, moins on a besoin de préparation.		VRAI
2. Les gens portent beaucoup plus d'attention à ce que vous dites qu'à la manière dont vous le dites.		FAUX
3. Les supports visuels sont aujourd'hui indispensables à toute présentation devant un groupe.		VRAI
4. Le trac, ça ne se contrôle pas.		FAUX +

1. **Vrai :** Un sujet que vous maîtrisez parfaitement et pour lequel la recherche est complétée, vous permettra d'économiser du temps lors de la préparation. Attention cependant, plus on connaît son sujet, plus grand est le risque de sous-estimer le besoin de vulgarisation dont vous pourriez avoir besoin pour convaincre votre auditoire.

2. **Faux :** Votre capacité à convaincre réside en grande partie dans la manière dont vous prononcerez votre discours; le regard, la mimique, le geste et la voix jouent un rôle de premier plan.

3. **Vrai :** Plus l'auditoire est jeune, plus ses attentes seront grandes en ce qui a trait au visuel. Néanmoins, un excellent orateur saura toujours séduire par sa seule présence sur scène. Sa prestance et son apparence ne sont-elles pas en soi des supports visuels?

4. **Faux + :** La phobie se contrôle très difficilement, mais on peut maîtriser le trac.

ANNEXE II
LES MARQUEURS DE RELATION

Pour introduire :

Premièrement
D'une part
D'abord

Pour marquer une suite :

Ensuite
D'autre part
Par ailleurs

Pour marquer une cause :

Car
En effet
En raison de
D'autant que

Pour marquer un exemple :

Par exemple
C'est-à-dire
En effet
D'ailleurs
Notamment

Pour marquer une affirmation :

En fait
En vérité
À vrai dire
En réalité

Pour marquer une alternative :

Ou… ou…
Ou bien… ou bien…
Soit… soit…

Pour marquer une opposition ou une restriction :

Cependant
Par contre
Mais
Néanmoins
Toutefois
D'ailleurs

Pour marquer un but :

Pour
Dans ce but
À cette fin
À cet effet
Afin de

Pour marquer une conséquence :

Donc
Par conséquent
C'est pourquoi
Alors
De ce fait
Ceci implique

Pour marquer la manière :

Pour cela
Pour ce faire
De cette façon

Pour marquer un ajout :

En outre
De plus
Sans compter que
Par ailleurs

Pour marquer l'exception :

Sauf que
Excepté
À moins que ceci exclut

Pour marquer un accord :

Certes
Bien sûr
De toute évidence
Bien entendu

Pour marquer une conclusion :

Finalement
Pour tout dire
En somme
Pour terminer

ANNEXE III
LES MARQUEURS LES PLUS FRÉQUEMMENT UTILISÉS

Voici une liste d'expressions équivalentes pour éviter la répétition des marqueurs de relation les plus fréquemment utilisés

D'ailleurs

D'un autre côté
Par contre
Dans un autre ordre d'idées
D'autre part
Du reste

De plus

En outre
En plus
De surcroît

Au sujet de

Quant à
Relativement à
En ce qui a trait à
À propos de
À cet égard
À ce sujet
En ce qui concerne

En résumé

Bref
Pour tout dire
En somme
En définitive
Au total
En gros
Tout compte fait

Par conséquent

Aussi
Pour ces raisons
Donc
C'est pourquoi

Enfin

Pour terminer
Finalement
En conclusion
Pour conclure

En réalité

En fait
À vrai dire
Effectivement

Car

En effet
C'est que
De fait

À notre avis

En ce qui nous (me) concerne
Personnellement
Quant à nous (moi)
À notre (mon) avis

D'après ce qui précède

À la lumière de ce qui précède
Comme nous l'avons mentionné
En raison de ce qui précède
Dans ces circonstances

www.ingramcontent.com/pod-product-compliance
Lightning Source LLC
Chambersburg PA
CBHW051615230426
43668CB00013B/2117